广东粤菜师傅名村

黄连

甘慕仪 主编

世界图书出版公司

广州·上海·西安·北京

图书在版编目（CIP）数据

广东粤菜师傅名村：黄连 / 甘慕仪主编. -- 广州：世界图书出版广东有限公司，2022.12
　　ISBN 978-7-5192-9720-6

　　Ⅰ.①广… Ⅱ.①甘… Ⅲ.①粤菜－厨师－列传－广东－现代②粤菜－菜谱③粤菜－饮食－文化－介绍 Ⅳ.①K828.9②TS972.182.65③TS971.202.65

中国版本图书馆CIP数据核字（2022）第245082号

广东粤菜师傅名村——黄连
GUANGDONG YUECAI SHIFU MINGCUN——HUANGLIAN

主　　编：	甘慕仪
责任编辑：	程　静　张　钊
装帧设计：	书窗设计
责任技编：	刘上锦
出版发行：	世界图书出版有限公司　世界图书出版广东有限公司
地　　址：	广州市新港西路大江冲25号
邮　　编：	510300
电　　话：	020-84453623　84184026
网　　址：	http://www.gdst.com.cn
邮　　箱：	wpc_gdst@163.com
经　　销：	各地新华书店
印　　刷：	广州市迪桦彩印有限公司
开　　本：	787mm×1 092mm　1/16
印　　张：	15
字　　数：	245千字
版　　次：	2022年12月第1版　2022年12月第1次印刷
国际书号：	ISBN 978-7-5192-9720-6
定　　价：	68.00元

版权所有　侵权必究

咨询、投稿：020-84451258　gdstchj@126.com

 # 编委会

指导单位：顺德区慈善会　顺德区社会创新中心

支持单位：顺德职业技术学院　佛山市顺德社区学院
　　　　　　勒流街道黄连社区　顺德凤城美食文化体验中心

主　　任：萧国松

副 主 任：伍桂楚

主　　编：甘慕仪

编 著 者：廖锡祥　梁景裕　骆　奎

编　　委：王法勇　黎振豪　黎秀瑶　綦恩周　周书云
　　　　　　刘咏琪

前言
Preface

题记——

让我谨用这摞粗拙的文稿，

编成一束散发乡土气息的野花，

虔诚地双手奉献给你哟，

广东粤菜师傅名村——黄连。

笔者并非黄连[①]籍人，却久闻黄连大名。记得2006年，笔者受委托主撰《美食勒流》一书[②]时，首次聆听前勒流华侨旅行社餐厅经理陈霜银女士讲述黄连被中国出口商品交易会副会长一行誉为"厨师之乡"的故事。笔者还目睹村里耆老扳着指头郑重其事地估算黄连籍老、中、青厨师有五百之数的情景。其后，笔者在不同场合反复听到"食在广州，厨出凤城，味在勒流，根在黄连"这句熟语。10多年来，到黄连寻找顺德美食文化之根的愿望愈久愈烈。过去这一年多来笔者终于圆了心中的梦。

徜徉在黄连古老的巷陌，出入黄连的厨师之家，我们用问卷调查和面对面访谈的方式，对黄连粤菜师傅的人数、性别比例、文化程度、家族背景、经济收入、技术职称、拿手菜式、就业分布诸方面进行了调查了解，特别对他们心目中黄连能够成为广东粤菜师傅名村的原因和今后完善、发展的设想、建议，

[①] 现建制为佛山市顺德区勒流街道黄连社区。

[②] 该书为勒流经济发展办公室2006年编印的内部读物。

做了深入的探询和真诚的请教。通过一系列寻根究底的活动，我们认为：勒流街道黄连社区荣膺"广东粤菜师傅名村"的称号可谓实至名归，"根在黄连"之说并非溢美之辞。

黄连粤菜师傅人数众多。他们往往不是"单兵作战"，而是"扎堆""结团"，形成团队。他们之间多为师徒关系，或有地缘、血缘、亲缘（即同乡或同族）关系。黄连更有不少厨师之家，还有瓜瓞绵绵、薪火相传的厨师世家和厨师一族。

黄连粤菜师傅厨星闪耀。这里有曾名震岭南的鱼生师傅、运斤如飞的刀工大师，现今更拥有星光耀眼的"顺德名厨""中国烹饪名师""中国烹饪大师""大中华殿堂级名厨"，还有顺峰①"厨帅"、顺德"厨王"。他们或出身烹饪世家，或受训于餐饮名店，牢记祖训师箴，具备了高尚的厨德、精明的厨政、精湛的厨艺，成就了辉煌的厨绩，成为顺德厨界的精英和可资效法的楷模。他们继承、赓续、发展着前辈创立的黄连叉烧、黄连三拼烧、黄连烧鹅等美食品牌，如"大头华"（刘绍华）把黄连烧鹅提升至全球街头美食第六名；谭永强把他的东海海鲜酒家经营成"黑珍珠"钻石餐厅②。与名厨、名店交相辉映的是黄连名菜和名小吃。收入本书的名菜就有20款。其中，近年被"挖掘"出来的失传菜晒莨公炆大鱼把黄连龙虱（即具体而微的小型龙舟）游艺、赛龙舟、香云纱印染技艺等3种非物质文化遗产（简称"非遗"）③联系起来，意义非比寻常。此外，被列入顺德区级非遗名录的酸梅酱制作技艺和被列入广州市级非遗名录的南乳花生制作技艺也源出黄连厨师。

---

① 顺峰饮食酒店管理股份有限公司，简称"顺峰"，创立于1990年，1993年在北京正式注册，是顺德饮食"走出本土、走向全国"的一颗业界明星。

② "黑珍珠餐厅指南"是美团点评发布的首份提出中国美食标准的美食指南，目标是打造"中国人自己的美食榜"。"黑珍珠餐厅指南"以烹饪水平、体验感受、传承创新为三大评判标准，由众多美食专家匿名造访、打分、遴选而出。按照不同的社交场景，"黑珍珠餐厅指南"将上榜餐厅分为3个等级："一钻餐厅"（聚会必吃的餐厅）、"二钻餐厅"（纪念日必吃的餐厅）、"三钻餐厅"（一生必吃一次的餐厅）。

③ "黄连龙虱游艺"和"赛龙舟"被列入市级非遗名录，香云纱印染技艺被列入国家级非遗名录。

在黄连进行调查时，我们特别关注出外（尤其在我国港澳地区和国外）从厨者的生活状态和工作业绩。他们在他乡甚至天涯海角的骄人成就着实令我们引以为傲。他们中有人曾在国际级酒店，如喜来登酒店出任行政总监，亦曾在美国夏威夷、越南河内、岘港和马来西亚沙巴担任餐饮总裁兼行政总厨，还兼任法国中餐协会、美国亚太区餐饮协会荣誉主席；有人在香港国际金融中心大厦专事高档甜品制作，获得"米其林二星"[①]殊荣；有人十年如一日，专注于各种咖喱调制而跻身专门家之列，还有不少黄连厨师在日本、新加坡等地开设餐馆或业厨。在日本，有些黄连厨师经营手撕鸡或云吞面；在东南亚，当地富人以家里雇佣黄连厨师掌勺为荣。籍贯黄连关地坊的关志辉出身厨师世家，家里兄弟姐妹10人中就有8人从厨。他本人在挪威先为厨，后开餐馆，运用上汤对传统粤菜进行改良，使中餐越来越受当地人欢迎。他专注于弘扬中华饮食文化，牵头联合约30个曾经或现今在不同国家从事餐饮业的华人，在挪威注册成立了"世界华人粤菜烹饪联合会"。他本人被推举为会长。

黄连社区能成为广东十大粤菜师傅名村之一且名列榜首，绝非偶然。

首先，黄连厨师成长于美食之乡。详见本书第一章第一节。

其次，黄连粤菜师傅深受当地两家百年老字号的滋养。创建于清咸丰十年（1860）的恒聚酱园及其后继者天良食品厂和顺德国营先锋食品厂，在长达一个多世纪的漫长岁月中生产出众多优质酱油、酱料、色酒、腌菜，其中冰花梅酱、蚬蚧酱、甘竹原椒酱、香化腐乳等闻名遐迩，远销海内外。唐代颜师古有言："食之有酱，如军之须将。"明代医药学家李时珍也说："酱者将也。能制食物之毒，如将之平暴恶也。"优质的酱料为黄连厨师调和五味、制作美食提供了良好的佐料，也为顺德风味的形成和顺德美食的传播与发展起到了不可低估的作用。开业于清光绪三十四年（1908）的华天宝药厂[②]以生产龟鹿补肾丸、乌鸡白凤丸等全国闻名的优质中成药见称于业内，赢得了"要想身体好，记住

[①] Michelin starred restaurants，其评分系统共有3个等级，即一星、二星、三星。

[②] 现为广东华天宝药业集团有限公司。

华天宝"这一经典赞誉。受华天宝药厂近距离辐射和熏陶，黄连人重视食疗、食补、食养，黄连厨师确立了"以味为核心，以养为目的"这一理念。他们中很多人对药膳有深入的研究和深刻的心得。老一辈黄连名厨老耀光曾在华天宝药厂工作，是顺德较早开发药膳的厨师之一。

最后，黄连能够成为广东粤菜师傅名村，与其深厚的文化底蕴有关。黄连是一个历史悠久的文化之乡，早在元代末年已建置文阁，后来还创建了"字祖庙"——仓沮圣庙，是如今顺德唯一纪念仓颉、沮诵作字功绩的庙宇。黄连在历史上共出了11位进士、34位举人，可谓科甲称盛。黄连又是书画之乡，如今已成立了30多个民间文化协会。深厚的文化底蕴孕育出淡雅精致的美食文化。温文尔雅、精明内秀、巧手慧心的人文素质更不断催生顿悟于心、妙手出神的大师巧匠。

经过一年多艰苦调查和笔耕，《广东粤菜师傅名村——黄连》即将付梓。本书就体裁而言，其实是一份调查报告。前三章是调查所得的材料，第四章是结论。通过对黄连历史和现状的调查，编者从进一步完善和发展"粤菜师傅"工程的愿望出发，直面辉煌背后存在的问题，直指粤菜师傅传承的"软肋"：青黄不接，普遍缺乏对粤菜文化的认识和职业自豪感，出师后缺乏系统、专业的培训，文化水平有待提高，等等。同时，汇集黄连粤菜师傅的意见和建议，提出解决问题、突破"瓶颈"的方法。这些"药方"既有针对性，又有可行性；既适用于当今，又可行之久远。这体现了本书写作的初衷：为在广东农村开展"粤菜师傅"工程提供参考性建议。编者之初心，是效法著名社会学家费孝通先生写《江村经济》而写此书。不过，囿于水平和时间，加上疫情干扰，难以开展普查，故取材受限，有些观点仍有待进一步推敲斟酌。恳望方家多提宝贵意见以便修改完善，更"俟夫观人风者得焉"。

身为编者之一，笔者难掩内心的激动，不揣浅陋，写下了以上文字作为本书内容简介。

廖锡祥

2022年7月

目录

第一章 黄连社区及其厨师概况 / 001

第一节　社区概况 / 003

第二节　厨坛溯源 / 010

第三节　荣誉称号 / 013

第四节　厨师群体结构 / 021

第五节　厨师的文化程度 / 025

第六节　厨师的就业分布 / 031

第二章 黄连粤菜师傅故事 / 037

第一节　南乳花生的创制者"盲公德" / 038

第二节　刀工出神入化的鱼生师傅伍仙 / 039

第三节　运刀如风的食材"美容师"谢科 / 040

第四节　勒流名厨张远 / 042

第五节　黄连烧鹅创始人"烧鹅英" / 045

第六节　顺峰"厨帅"张鉴根 / 047

第七节　敦煌海鲜酒家创始人张锦根 / 048

第八节　承前启后的黄连名厨老耀光 / 051

第九节　"顺德厨王"谭永强 / 053

第十节　传承传统厨艺的特级厨师张永贤 / 058

第十一节　世界华人粤菜烹饪联合会会长关志辉 / 060

第十二节　两大酒楼的顶梁柱吴换标 / 063

第十三节　餐饮"怪才"冯伟雄 / 066

第十四节　扎根乡土的烧腊工匠"大头华" / 069

第十五节　顺德美食"推广大使"吴添权 / 075

第十六节　烹鱼高手"奥巴顺" / 078

第十七节　善于开发创新的点心大师关家乐 / 081

第十八节　全能大厨梁国华 / 084

第十九节　无师自通的厨坛巧匠何盛良 / 088

第二十节　重标准创品牌的出品总监何庆林 / 091

第二十一节　从厨师到导师的关永忠 / 095

第二十二节　潜心厨艺的实力派大厨何庆朝 / 098

第二十三节　不断提升菜品质量的顺德名厨何建辉 / 100

第二十四节　文人厨师蔡任平 / 102

第二十五节　巾帼不让须眉的女中厨杰 / 105

第二十六节　三代从厨的梁氏 / 111

第二十七节　长袖善舞的餐饮业帅才张兴藻 / 113

第三章　黄连粤菜师傅代表菜式及渊源 / 117

第一节　黄连烧鹅 / 118

第二节　黄连叉烧 / 122

第三节　黄连三拼烧 / 125

第四节　菜远炒水蛇片 / 127

第五节　煎焗西江鲥 / 129

第六节　菊花水蛇羹 / 131

第七节　晒莨公炆大鱼 / 132

第八节　三色凤眼润（肝） / 134

第九节　春花肉 / 135

第十节　香麻手撕鸡 / 137

第十一节　香麻白水肚 / 139

第十二节　鲍鱼焗鸡 / 141

第十三节　无骨大鱼 / 143

第十四节　盘龙鳝 / 144

第十五节　脆皮糯米鸡 / 146

第十六节　榄仁炒肚尖 / 147

第十七节　鹧鸪鹅喉川贝汤 / 149

第十八节　八珍水鱼 / 150

第十九节　蟹粉陈皮红烧肉 / 152

第二十节　鲮鱼蒸猪颈肉 / 154

第四章　传承黄连粤菜师傅文化 / 155

第一节　黄连粤菜师傅文化的价值 / 156

第二节　传承黄连粤菜师傅文化的意义 / 157

第三节　黄连粤菜师傅文化调研 / 160

第四节　传承黄连粤菜师傅文化的对策 / 167

参考文献 / 185

附录一　访谈摘要及照片 / 188

附录二　访谈提纲和调研问卷 / 216

后　记 / 223

第一章

黄连社区及其厨师概况

千年古村黄连，是一个历史悠久、经济繁荣、人文资源富足的地方。其美食文化源远流长，可圈可点。俗话说："食在广州，厨出凤城，味在勒流，根在黄连。"2020年12月，佛山市顺德区勒流街道黄连社区荣获"广东粤菜师傅名村"称号。勒流街道辖下的黄连社区面积仅3.65平方千米，户籍人口不满1万，却有老、中、青厨师近500名，著名的有谭永强、吴换标、张建忠、麦建文、张敬衡、张远、梁进、龚志鹏、张四根、张鉴根、张冠贤、张永贤、关汉成、杜海、谢科、何应、何志、老耀光、冯伟雄、关家乐等。他们之中被评为"中国烹饪大师"的有张鉴根（中国烹饪协会授予）、梁国华（中国烹饪协会授予）、吴添权（中国烹饪协会授予）、冯伟雄（中国烹饪协会授予）、关永忠（中国饭店协会授予）、何盛良（中华厨师协会授予）、刘家勇（旅游业高级人才培训认证服务中心、全国劳务人员职业资格考评委员会授予）等；被评为"中国烹饪名师"的有谭永强、关家乐（中国烹饪协会授予）等；获"中华金厨奖"的有关永忠（中国烹饪协会授予）；被评为"顺德十大名厨"的有谭永强；被评为"顺德名厨"的有谭永强、关家乐、冯伟雄、刘绍华、何盛良、关永忠、吴换标等。20多年前，黄连已享有"厨师之乡"美誉，黄连烧鹅、三拼烧、菊花水蛇羹、珠记钵仔糕、冰花酸梅酱、鸡仔饼、黄连烧腊、水晶饼、无骨大鱼等黄连美食早已远近闻名。黄连社区为什么能盛产如此多的粤菜名厨及美食？要想找到答案，先要了解黄连这片历史悠久而具有深厚文化底蕴的土地。

第二届广东十大美丽乡村系列评选活动发布会

黄连社区荣获"广东粤菜师傅名村"称号

第一节 社区概况

一、人口状况

民国以前，黄连人口已难考究其确切数字。相关数据显示：1923年，顺德人口总数达180多万，人口密度为每平方千米2230人，达到历史最高水平。据此推算，富饶的黄连彼时人口当不在少数。1924年《农事月刊》第三卷第四号载：顺德黄连的农业大略情形，居民一万左右，十分之九是从事农桑业，每年共有九造……①据史料显示，1954年，莲溪镇（20世纪50年代以前为"莲溪"，后改为"连溪"）粮食供应人口总数为2778（不含黄连乡人口数字）。

20世纪90年代，黄连共有姓氏91个：何、梁、张、吴、廖、卢、陈、黄、龚、伍、李、冯、周、罗、关、刘、阮、邓、萧、林、马、谢、蔡、彭、杨、黎、麦、庞、郭、曾、曹、潘、叶、欧、郑、谭、孔、钟、苏、龙、余、胡、莫、董、杜、汤、劳、赖、岑、康、傅、邱、严、易、邝、石、温、秦、朱、陆、老、谈、连、游、翁、简、万、魏、王、施、甄、陶、吕、甘、朝、程、梅、焦、钱、韦、欧阳、毛、雷、霍、袁、盛、邹、俞、冼、任、司徒。

近年，人口流动频繁，各姓之间往来较多。2018年，黄连有姓氏40多个，详见表1-1：

表1-1 黄连姓氏

序号	姓氏	人数	序号	姓氏	人数	序号	姓氏	人数
1	何	1819	8	卢	260	15	刘	167
2	梁	1171	9	黄	224	16	罗	129
3	张	740	10	龚	221	17	伍	104
4	吴	375	11	陈	199	18	马	86
5	廖	364	12	林	171	19	阮	85
6	萧	339	13	周	170	20	洪	83
7	关	304	14	冯	168	21	邓	79

---

① 卢荫和、谭元亨：《桑园围》，广东人民出版社，2022年，第80页。

(续上表)

序号	姓氏	人数	序号	姓氏	人数	序号	姓氏	人数
22	黎	76	30	叶	40	38	欧	26
23	孔	71	31	郑	38	39	曹	24
24	曾	71	32	莫	32	40	彭	23
25	麦	58	33	苏	31	41	陆	23
26	谢	52	34	霍	31	42	龙	20
27	潘	51	35	郭	29	43	李	18
28	康	47	36	庞	28	44	胡	16
29	蔡	41	37	钟	27			

据《全粤村情佛山市顺德区卷（二）》载，2015年底，黄连社区辖下的龙村村（村名如此）、萧地村、联二村、联三村、连溪村、连南村、连北村共有户籍人口 5025，非户籍外来人口共有 12520。

2020年，黄连社区有 2650 户，共 8333 人，另有外来务工者共 14956 人。

二、地理位置

黄连的地理位置自然与其历史紧密相连。879 年，黄巢曾攻占广州。其士兵分布各处，吹角为号，形成临时集市，交易买卖，互通有无，呜呜角声，远近得闻。因古时军队吹角以告示昏明来临，其声高亢凄厉，耳闻心伤。吹角风俗散落民间后，日久天长，成为人们生活、劳作、买卖、祭祀的必备元素。我们倒能从这来自中原军队的角声中回溯千年前黄连开村历史的蛛丝马迹。

元末明初的顺德诗人孙蕡（1337—1393）有诗云："江口赛神夜吹角，村边卖鱼朝打鼓。"明末清初广东著名学者屈大均（1630—1696）在《广东新语》中说："顺德之容奇、桂洲、黄连，吹角卖鱼。予诗'吹角卖鱼人，拾灯求子客'。其北水、古粉、龙渚、马齐村，则吹角卖肉。相传黄巢屯兵其地。军中为市，以吹角号召。此其遗风云。"

珠江三角洲（珠三角）是珠江泥沙冲积而成的水乡平原。据清咸丰年间的《顺德县志》载，以前五岭以南都是大海，慢慢冲积成洲岛，慢慢形成乡村集市，百姓也繁衍起来。而《甘竹滩水电站史话》载："顺德龙江左滩麻祖岗遗址出土的距今3500多年前的新石器末期的石器、陶器等，证明距今3500多年前珠三角的海岸线已到今顺德西部甘竹滩一带。汉代，珠三角的海岸线推至顺德东部及番禺、中山一带。其时，'海'与'海'之间露出了沙洲，大片的沼泽地基本形成。唐代，珠江流域先民已学会将沼泽的高墩围成'潮田'来种植。"①

根据孙蕡和屈大均的著述以及参考上述资料来看，黄连在唐末已广有人烟。经过漫长的岁月，黄连由原来的海滩之地逐渐冲积成陆地，最初有姓黄和姓连的捕鱼人来到此地为家，湾泊于第五桥（海坦），其后子孙繁衍，便以两姓合起来作为地名。

黄连社区影像图

---

① 卢荫和、谭元亨、张彩霞：《甘竹滩水电站史话》，广东人民出版社，2019年，第10页。

另一个说法：黄连原是海滩，有 7 个小山丘，名叫"七星岗"，后冲积成陆地，形像荷花，所以称为"莲地"或"莲溪"。而当时的居民多姓黄或连，故又将"莲"字写成"连"，改地名为"黄连圩"。

黄连社区地处勒流街道东北部，面积 3.65 平方千米。东、北连接北江水系的顺德水道；西通西江水系的甘竹河；南出南海区沙头镇，再转入甘竹河，与南海区九江镇、江门市新会区的水域融汇，缓缓达至广州、梧州；北经乐从、北滘、陈村等水域抵达广州。

流畅通达的丰沛水系，让黄连人撑一叶小舟就可以内达各镇街乡村，外能抵省城及各区县，酣畅淋漓，进退自如。日久天长，形成回环融通、张弛有度的水乡文化气质。

大良新滘为昔日顺德的重要入海口，是进入顺德县城①门户的要冲。外敌若突破新滘口，则可以经伦教直抵大良城北。为固守新滘，昔日政府在县城十里（5 千米）外置伦教汛，又在十五里（7.5 千米）外置黄连汛，构成三洪奇、新滘、叠石、黄连连绵相应的严密防线，紧锁羊额、伦教，连接叠石、黄连，令外敌无法深入县内，更难以突入各镇。黄连历来也为军事要地。因此，黄连平时舟楫往来、贸易繁盛，战时强兵云集、步步为营。这一兵民合一、文弛武张的独特商贸地位与战略价值，日积月累，令黄连人逐渐磨砺出文武兼备、商贾皆能的才能。黄连人在历代牵动全县的战役中运筹帷幄，远交近攻，同心协力，妙破强敌，形成生死深交、血脉相融的独有情感，其中的动人故事，可歌可泣。清代中期，海盗张保仔（1783—1822）窜入黄连岸边，诸村严防死守，自筑土台。人们在叠石村以铁索横陈五百余丈（一丈约为 3.33 米），阻止敌军登岸。伦教熹涌炮台更是击中敌军旗舰，重创敌军士气，令其一时难以恢复元气，附近诸村得以免遭侵扰，县城以东也得以保存。此次战役，三洪奇、叠石、黄连互为呼应，自成险要，令侵敌无从下手。

地处水网地带枢纽的黄连融合西江、北江、广州（城区）、佛山（城区）、

---

① 明景泰三年（1452），设顺德县。1992 年，顺德撤县建市，2003 年并入佛山市，成为佛山市辖区。

黄连社区航拍图

大良等地,深受外省、省城、县城主流文化系统与繁盛中外贸易的影响,形成了高屋建瓴的主流文化格局、深宏博远的大商业视野和昂首天外的大家气派。

这方神奇的土地远在南宋末年就已产生进士2名。到清末废除科举制时,黄连共产生进士和文、武举人共38名。元代,黄连建有3间文阁及多间社学,因而到今天仍有社学街古名以资佐证。

三、经济轨迹

说到经济,有必要将黄连置于秦汉以来的历史大框架内来考量,因为黄连与宋代以来珠三角的农业大开发和中原移民南迁有着千丝万缕的联系。黄连人本质上是中原移民的后裔。历史上,中原人南迁有过多次,大规模的南迁从西晋到明代都出现过。迁民并非都是难民。他们中不乏各行各业的精英,有文化者有之,有资金者有之,有技术者有之。他们对珠三角的文化和农业生产的发展起到的作用也可说是历史性的。

宋代是珠三角农业生产发生巨大变革的时代。1101年开始，在官府的支持下，官山、九江、龙江、龙山、杏坛等地民众历经25年修筑成"桑园围"。桑园围全长14700多丈，保护范围内面积221平方千米，历史上因种植大片桑树而得名，是中国古代最大的基围水利工程。桑园围的开创与来自中原的移民抵达今南海、顺德开基密不可分。他们带来了中原、江南丰富的农耕水利生产经验，也带来了文化认同。在桑园围范围内，养蚕业从唐宋时期的每年五造发展到七造、八造，也成就了后来"一船蚕丝去，一船白银返"的辉煌。2020年12月8日，桑园围成功申报"世界灌溉工程遗产"。

顺德的基塘生产从明末清初开始进入发展时期。晚明以来，广州这个千年古港已发展成全国对外贸易中心。明代以降，黄连形成规整的圩市，沿忠义围南岸堤围一路直行的圩市，长约1200米，全由白麻石板铺成，平整干净，大气磅礴。黄连圩市分东市、中市、西市三大区域。

东市地处东面，与黄麻涌（今江义村）接壤，以蚕春市①、桑市、竹器、风炉、木炭、山货、橹桨、造船为主体。主要商铺有同心茶楼、怡和饼屋、宏兴竹器山货、合丰炭铺、恒兴山货、大来艇铺、东泰大押、百福长生店、祥福长生店、同福长生店等，主营人们的日常生活与劳作所需，供应饮食。

中市以洋货、杂货、故衣买卖、金银打造买卖为主。主要店铺有纶昌茧绸铺、均成茧绸铺、乐天茶楼、鸿安布铺、利昌烟铺、泰和饼铺、唯一洋杂店、慎益铜铁铺、天盛金铺、生生堂等，以及抗战爆发前开设的恒丰米铺，沦陷期间开设的泰生米铺和鸿园米铺。

西市以酒米杂货、鱼猪肉类及酱料等为主。主要店铺有民生米机、裕丰酒米店、利昌猪肉店、金钟记茶楼、品南茶楼、品珍饼铺、泰生糕铺、恒聚酱园、泰盛烟铺、公昌烟铺、大成金铺、三记炭铺、祥信杂货店、怡昌大押等。

---

① 蚕春：蚕卵。明末清初文学家屈大均在《广东新语》中写道："粤方言，凡禽鸟卵皆曰'春'，鱼卵亦曰'鱼春子'。"蚕卵，亦然。

黄连圩市东、西两端各设东炮楼、西炮楼一座。一个根据村民自然需求而逐渐完善的商业布局为人们提供着妥帖而细致的服务。圩市的出现让黄连成为周围乡村各种农副产品的集散地，有效满足乡民的购买需求，更推动着周围乡村的经济发展。它也逐渐衍生出生产农副产品、日用品、简单服务等不同的产业形态，形成多元的经济形式。

从圩市的设置中，我们可看到几种类别的经济形态。

一是农副产品。蚕、桑、米、酒、鱼、猪、鸭，反映出自身的产出与外货输入。二是商业与服务，如山货、竹器、酱料、煤炭、香烟、杂货、丝绸、香云纱、布匹、叉烧、肉等，可以让本地生产与外来输入的物资最大限度满足本地与周围民众的各种需求。而外销我国香港、澳门地区和东南亚各国的叉烧、风炉、丝绸、香云纱，又反映出近代以来对外贸易的兴起，以及国际市场对黄连经济结构潜在而深刻的影响。

黄连手工业如风炉烧制、金银器打造、竹器编制、桨橹与船只制作等，构成乡村最活跃且生命力最强盛的经济形态，更为不同手工艺者提供着生存、发展、壮大的机会。此外，当铺、按店、押店、钱庄、金铺，为个人、作坊、企业的存款、借贷、汇款、典当、周转提供着必不可少的资金来源和周转业务。它们渗透到本地的经济运作中，对黄连区域和周边乡村的个人、家庭、企业和众多经济领域起到举足轻重的作用。大量积累的资金对黄连经济的快速崛起有着不为人知却意味深远的贡献。

清咸丰十年（1860），石湾海口人庞逸林、庞桐楷等4人各出资白银200两创建恒聚酱园。清光绪三十四年（1908），黄连名中医阮盛祥创立华天宝药厂。这两家"老字号"当年与黄连人的日常生活息息相关而颇具影响力。20世纪二三十年代，黄连厂家兴昌、祐兴隆、李就记、华强等，仿照浙江湖州样式，制造出色白如雪、松软绵润的"新兴派"丝绵，其状若猪肚，故称"猪肚绵"，也称"大弓绵"。鼎盛时期，黄连有丝绵制造厂18家。丝绵业、茧绸业、晒莨业（即漂染加工业，用茨莨晒制纱绸和茧绸）成为黄连经济的三大支柱。1936年，黄连茧绸业进入最高峰，每年输出大批茧绸，当时每逢农历初二、

五、八的圩日，茧绸交易额高达30000元，年交易额达近百万元。抗战时期，陈村沦陷，一批纱绸晒莨企业内迁黄连，茧绸业仍断断续续发展，保存着珍贵的丝绸织造技术。1946年，黄连茧绸仍是顺德最著名的丝织品之一，每个织户有蚕茧机1—3台，共150台。当年从事晒莨工作的黄连人关绵回忆道："当时一件香云纱要港币40元，与一般工人月工资相近，价格不菲，令人却步，却为黄连积累了大量资金。"

中华人民共和国成立后到改革开放前，除了地方国营的先锋食品厂和镇属的棉织厂、电话电报局、纸箱厂、制药厂外，黄连的工业企业还有风炉、标灰、化工、皮革、玻璃、织藤、蕉麻、电子、电池、广绣、织席等行业，并有发外加工。改革开放后，黄连的工业企业主要有广东华天宝药厂、新力服装厂、建华电子厂、骏达电子厂、广连鸿交通机械厂、顺安达集装箱厂、富力德车轴厂、松业电器厂、勒流港等。1993年，黄连的工业产值已达6亿元。

以上与黄连相关的经济数据均指向手工业及工业，并不含农业，考虑到自中华人民共和国成立后，黄连的农业人口及非农业人口差不多各占一半，如果加上农业经济，即黄连的工农业产值当更可观。

第二节　厨坛溯源

《孟子·告子》中的"食色性也"，意思是物质享受和感官享受是人的天性。黄连在南宋末已有乡贤何蒙孙、冯昶先后高中进士。他们回宗祠祭祖，大摆宴席之日就是厨师们大显身手之时。科场折桂，在宗祠前面的广场树立高高的旗杆，为乡争光、光宗耀祖之余，钟鸣鼎食之家少不了聘用家厨。同理，明代的梁国宝、何鳌、何爇、何思赞、黄卷和清代的梁兆榜、梁棨熙、何达聪等进士家大业大，也应聘有家厨。由宋及清，这些学而优则仕的大官年假省亲、拜会同年、乡绅应酬，推杯换盏之间不可或缺的就是名厨美食。元代，黄连先后建有3间文阁,文人雅士指点江山、激扬文字、诗酒唱酬、曲水流觞,"俱怀逸兴壮思飞"之时,也少不了厨师奉上美食以助兴。

与时下坊间庙庆神诞、敬老活动往往筵开成百上千席,民间高厨云集,烹饪游击队大显身手的盛况如出一辙,民国时期的醮会之日即厨师们集体亮相之时。

醮会源于佛教,是规模较大的"附荐亡灵"活动。清咸丰年间的《顺德县志》载:"每年七月盂兰节,邑中大乡多建醮坛,延火居道士或高僧礼拜,奏青词,破地狱,超度幽灵,或三昼连宵,或七昼连宵,动辄费数千万金。"醮会往往成为望族、大族炫耀政治经济实力的舞台。

曾任广东省文史研究馆研究员的卢传远于1966年国庆节为其画作《大晚大醮景》长卷补写了释文:

> 此大醮景,是一九二一年顺德县大晚乡最后一次大醮会。由旧社会未知从何时起,每隔二十五年而建大醮一次。封建社会神权时代遗留下来的剥削阶级制度表现景象。其建醮之经济来源,就上一届醮会的善男信女所认的醮份及捐下的香资,经过二十余年将存下之款生息。息上息,利上利,成为巨款矣。所搭之戏棚也、醮棚也、花轿也、花厅也,盖满村庄。汽灯也、彩灯也,造成火树银花,不夜之天。七昼连宵,笙歌激耳。各地之人来观光者,摩肩接踵。一百年前大晚乡大醮中全乡共设醮棚二十五座,其中两座的有光远堂贤、花楼、村头、丰华、逢源、北头、文明;其余一座的有聚龙、新地、通乡、六坊、平安、巷头、均和、感应、村心。据说当年的组织者还要评选最华丽和最有创意的醮棚,因而各坊绞尽脑汁、创新设计,力求脱颖而出。大醮七昼连宵,到处作法诵经,香烟缭绕,梵音不绝。当时为了表示对神灵的虔诚,乡人所敬奉的衣袭也采用丝绸制造的真衣,可谓极尽奢华矣!组织者请来多个戏班,分十八台戏,日夜不停地演出,真是"仙乐飘飘处处闻",乡中万人空巷,台前摩肩接踵,彩旗招展,整个大晚乡都披上节日的盛装。附近的乡邻也纷至沓来,家家亲朋满座,户户暂缓农耕,正是大晚乡的狂欢节也!

卢传远出于对家乡的热爱，把整个大晚乡（黄连邻近的一个社区）打大醮的情景按序全部绘入画中，层次分明，坐标准确，如实地记录了当时的状况。图中醮棚祠庙、道路桥梁、民居街巷、小桥流水、绿树成荫，人物神态各异，栩栩如生。

还原当年大晚乡大醮情景，是因为"七昼连宵"大醮中有黄连北头村梁仕仁等厨师挥汗炒菜连轴转的忙碌身影，也可以印证100年前黄连厨师及烹饪游击队积极"到会"的活跃姿态。除了主力厨师，帮厨和打下手的厨工们中午和晚上也不闲着，忙着制作油煮粽、咸煎饼、钵仔糕、炒粉面、猪骨粥、田螺粥、绿豆沙或番薯糖水蔗水、炖鸡蛋等小食和饮料以供戏迷之需。厨师们在醮会平台上的表现佐证了经济和美食之间的互动和共生关系。梁仕仁之孙梁国强直到20世纪90年代仍在番禺灵山镇①属集体性质的茶楼当点心师、厨师，及后"下海"和一帮志同道合的兄弟专营"到会"营生。

20世纪20年代后期，黄连商人罗杰臣开办利昌烧腊店（简称"利昌"），高薪聘请烧腊怪杰"疤眼堂"专司烧腊。"疤眼堂"专挑猪颈上肉，选山西汾酒、上好的麦芽糖和豉油，配以秘制香料及上等木炭，按照独门秘笈精心炮制。利昌叉烧成色十足，肥中夹瘦，肥的透明如玉，瘦的色如琥珀，入口如饴，甘香嫩滑，吃后口齿留香，一时名声大噪，购者趋之若鹜。就连病弱者也喜其不腻不滞，用以佐粥粉，可以作辅助药膳。黄连叉烧因而声名远播，声达我国港澳地区乃至东南亚各国。

北头坊人梁景翰（字自重）民国时期曾任广州市西区、中区探长和抗日救国模范团行动组组长，设计炸死日军军官多名，枪杀日伪省长陈耀祖。回乡后，他组织自卫联防队护卫家乡，创办本乡国民学校。任职广州期间，梁自重曾提携多人到广州工作。除了自己的家厨来自黄连外，他还推荐了一批黄连籍厨师到广州的各大酒楼谋生。20世纪三四十年代，北头坊有不少人在广州的疍头

---

① 1958年成立灵山公社，1984年改区，1986年建镇。2006年1月25日撤销灵山镇，将其行政区域分别并入榄核镇、大岗镇、东涌镇。

铺（经营香云纱和纺织品买卖的店铺）以及"生鱼栏"（运销顺德产四大家鱼的商号）打工，其中就不乏专司"火头"（厨师）之人。

20世纪40年代，豪绅"大金钟"将黄连人谢科从广州重金礼聘回勒流永乐大酒家（简称"永乐"）出任主厨。50年代，梁进从香港回到黄连，与此同时黄连人梁臻已经在位于广州市光复南路的太如酒楼担任点心师（后来在东方宾馆）。50—80年代，张远成为勒流厨坛的台柱。90年代后，谭永强、张鉴根、关家乐等人已一鸣惊人。进入21世纪，冯伟雄、"大头华"（刘绍华）、吴换标、关永忠、梁国华、张建忠、黎振强等人已崭露头角。

勒流街道辖下的黄连社区面积仅3.65平方千米，常住人口不满1万，却有老、中、青厨师近500名（包括近几年故去的），分布于国内外。著名的有谭永强、吴换标、张建忠、麦建文、张敬衡、张远、张四根、张鉴根、张冠贤、张永贤（后6位张姓厨师是一家三代人）、关汉成、杜海、谢科、何应、孔来（上涌人）、何志、老耀光、冯伟雄、关家乐等。20世纪80年代，黄连已享有"厨师之乡"美誉。

第三节 荣誉称号

一、"厨师之乡"

俗话说："食在广州，厨出凤城，味在勒流，根在黄连。"究其原因，黄连乃历史悠久的诗书之乡，商贾云集之地。清代李调元《南越笔记》载，相传唐末黄巢起义军南下广州，曾屯兵于黄连等地，"军中为市，以角声号召"。这说明当时黄连已成为小圩镇。而这类圩镇在唐代珠三角地区是不多的。此后，黄连曾经是古代畅达的驿站、通衢，是珠江之滨的交通商贸重镇，历来"族多衣冠，为商贾舟楫之凑"。1949年前，黄连的地位比勒流圩更为突出，当时黄连的晒莨业兴旺，据说有大小晒莨厂34家以及老字号恒聚酱园、华天宝药厂、风炉厂、丝绵厂、船厂、炭厂和两个"牛栏"（屠宰场）等。

工商业的兴旺势必带动餐饮业发达。黄连圩建筑在北岸的堤围上，临水一侧的商铺民居多是富有水乡特色的"吊脚楼"。街道因地制宜只有三四条石板宽，街头街尾清一色铺"大麻石"（花岗岩）。1000多米的街道分东市、中市、西市，道两旁的铺面鳞次栉比，仅茶居食肆就有10多间，如合生龙、六记、群力、品南、同心、金钟记、新纪元、明记、天元、双翻西等。那繁华景象正如古诗所云"火树相盖三阁老，一河七渡九牌坊"。

20世纪50年代初，黄连圩市自东市到西市食肆林立，大小店铺老板各出奇招，当时的食府以金钟记、品南、天元最负盛名。直到1958年，全部食肆合并为公私合营，改为"天元茶楼"，属供销社管辖。其他小食店则由合作商店管理。当时，金钟记的少东家张四根曾在天元工作过一段时间，其后调往勒流鼎力酒家（简称"鼎力"），之后调往县供销社专司接待宴席的主厨。天元茶楼合并时由曾在香港长洲何大信酒家担任头镬①的梁进任主厨。梁进在60年代退休后，由龚志鹏接任主厨，其时的厨师阵容有杜海、何应等人，北头村人梁伟才那时就是龚志鹏的高足。物质困难的年代，天元茶楼却有一家分店专营粥品。茶楼早点最吃香的要数豉汁糖醋蒸排骨（排骨饭）、卤水大肉饭、大肉肠粉。茶楼由关汉成担任点心师，其出名的点心有萨其马（沙琪玛）、脆皮鸡仔饼、全蛋皮干蒸烧卖（蛋皮全部由手工制作）、鸡蛋糕、烧鸡酥、酥化油香饼、白糖伦教糕、酥脆炸面等。尤其是吴传制作的白糖伦教糕被当时县供销系统的领导评价为质量在顺德独一无二。

黄连厨师之所以能源源不绝，发展壮大，形成网络，与具有侠义心肠的银行家关楚白先生关系颇大。关楚白先生是黄连关地人，早年在广州开银铺，与多家大酒家在业务上来往密切。当时许多亲戚、朋友、乡亲纷纷到省城求他谋职业。他几乎来者不拒，介绍他们到其相熟的酒楼去干活。黄连子弟也争气，

---

① 指餐饮店或酒店中炒镬厨师的组长。

不少人从拣菜、洗碗、打荷①做起，逐渐成为头镬、头砧、点心师乃至主厨、楼面经理。他们一旦站稳脚跟，又会提携一帮乡亲。就这样，黄连厨师像滚雪球，越滚越大了。坊间有这样一说："食在广州，厨出凤城，味在勒流，根在黄连。"

黄连被称为"厨师之乡"，有一个故事可以佐证。1982年12月一个狂风暴雨的晚上，一辆小车在西安亭渡口停了下来。原来西安亭渡口车船停航，车过不了河，只好折回，到勒流华侨旅行社（简称"侨社"）求宿求餐。当时侨社的餐厅尚未开业，女经理陈霜银见来客又饥又寒，顿生同情之心，拿出仅有的一只煤油炉，烧沸了一锅水，给客人提供了最简朴的水乡家常打边炉②浸滑鱼、涮鲮鱼球，把冷饭炒香，奉上。正如一位美食家所言："肚饿是制造美味的第一原动力。"

这几位城里人在饥寒交迫之际得到温饱，又尝到新鲜的鱼肴，连连称赞"好味道"！他们还打听陈霜银是何处人氏。当他们知道陈霜银是黄连人，黄连出了许多厨师时，感叹地说："黄连真是厨师之乡啊！"原来客人是中国出口商品交易会副会长等一行。从此，中国出口商品交易会的同志路经勒流，多在侨社就餐，而黄连"厨师之乡"这个称号也逐渐叫响了。

二、广东粤菜师傅名村

粤菜师傅要从厨德、厨艺、厨政3个方面去培育。厨德——要有良好的对待粤菜文化的态度；厨艺——要有扎实的基本功；厨政——要学会对粤菜师傅的管理。粤菜是一门要静下心来学习的技艺，粤菜师傅更要有工匠精神，扎扎实实练好基本功，要有对风味的执着。广东推进"粤菜师傅"工程，可以说是粤菜师傅及粤菜再上一个新台阶的契机。粤菜师傅要"传承不守旧、创新不忘

---

① 酒楼厨房的一种分工。其工作内容主要包括调料添置、料头切制、菜料传递、分派菜肴给"炉灶"烹调，辅助炉灶厨师进行菜肴烹调前的预制加工（如菜料的上浆、挂糊、腌制，清汤、毛汤的吊制），餐盘准备、盘饰、菜肴装盘，辅助炉灶厨师进行各种调味汁的配制等。

② 在粤语中，"打边炉"的意思是"打火锅"。

本"，深厚的文化底蕴孕育出淡雅精致的美食文化，巧手慧心的人文素质更不断催生妙手生花的大师名厨。

正因为黄连饮食文化源远流长，名厨辈出，黄连厨师群体人数庞大，才有"食在广州，厨出凤城，味在勒流，根在黄连"一说。2020年，黄连被顺利评为"广东粤菜师傅名村"。全省仅有10个村（社区）获此殊荣。

黄连成为广东粤菜师傅名村，有着丰厚的物质资源和广泛的群众基础。南宋以降，黄连一直文风鼎盛。自顺德建县以来，黄连经济一直比较发达，行商坐贾者众，丰厚的物质资源为餐饮业的发展奠定了物质基础。近代以来，黄连人陆续去海外发展，如日本横滨华侨总会原常务理事周敬文、周潮宗叔侄几代人在日本开餐馆酒楼，马来西亚雪隆①顺德会馆原署理主席、马来西亚顺德联合总会理事梁达仁也是从祖辈开始在南洋经商兼做餐饮业。他们把粤菜传播到海外，同时不断吸收海外的烹饪技法发展本帮菜，促进了海内外厨艺的交流。黄连厨师队伍的形成有着广泛的群众基础，从厨艺不俗的家庭主妇、乡村厨师到流动厨工，再到食家，人人都能"炒几味"，不少人下厨还有几手绝活。众多的群众，浓厚的食风，大大促进了厨师队伍的成长和整体厨艺水平的提高。

黄连是粤菜的传承地之一，厨师队伍在发展过程中对粤菜的发展产生了影响。谭永强的菜远炒水蛇片、煎焗鲂鱼、鲍鱼焗鸡，张鉴根的盐烧东星斑、龙虾炒鲜奶，"大头华"的烧鹅、蜜汁叉烧，张永贤的佛跳墙、煎焗元贝，冯伟雄的蟹行天下和昆虫类菜，吴换标的佛地藏明珠、宫廷酿双子，关永忠的金盏露笋炒酿百合、黑松露焗乳鸽，何盛良的大蕉焖鸡、百花蟹柳球，张建忠的盐油蒸和顺鱼、古法碌鸡等名菜，对粤菜乃至全国烹饪技艺的发展作出了贡献。

改革开放以来，黄连厨坛人才辈出。他们以高超的技艺、高品位的菜式，向世人展示了粤菜的魅力。在1979年全国性技术表演中，张远的香麻手撕鸡、凤城野鸡卷、炒三色蛋、三色凤眼润（创新菜）就地取材、妙藏刀锋，名扬远近。

1997年参加顺德首届烹饪技术大赛获得金奖的关家乐，在第四届全国烹

---

① "雪隆"指马来西亚的雪兰莪州（Negeri Selangor）和首都吉隆坡（Kuala Lumpur）。

饪大赛中获团体金奖，在第十六届中国厨师节全国烹饪技能大赛中获中华美食展示团体金奖、个人金奖。他以力康鸡蛋挞征服在座食客。谭永强1999年参加第四届全国烹饪大赛荣获名厨奖，同年参加第四届全国烹饪技术比赛荣获大众筵席优胜奖，其创办的勒流东海海鲜酒家在2001年被授予"中华餐饮名店"称号。2001年，谭永强获评"中国烹饪名师"。张鉴根的"龙王夜宴"获第五届全国烹饪大赛金奖。2006年，冯伟雄的"霸王别姬"获全国烹饪大赛特金奖。梁国华2007年获"饮食之星"名厨美食烹饪大赛金奖，2016年"获国际烹饪艺术大师"称号，2017年获"中国烹饪大师"称号，2018年获"中华金厨奖"。2009年，"大头华"烧鹅在第二十二届国际美食节中获"名牌美食"，2010年获广东岭南特色食品奖，2011年获第一届"嘉豪佳特惠厨点烹饪大赛"特金奖。2015年后，关永忠先后获第二届"南粤厨王""南粤厨王功勋人物""中华金厨奖"等殊荣。作为黄连厨坛的领军人物，这些大师们与众多粤菜师傅一道谱写了粤菜灿烂辉煌的篇章。

在黄连美食百花园中，天元饼家的鸡仔饼、蝴蝶酥，花季雨季的公仔饼，珠记钵仔糕、连溪美点、甄添记冰花酸梅酱等品牌也备受瞩目。连溪美点算得上黄连一间老饼铺。其创始人萧锡强20世纪70年代在鼎力当学徒学做点心，到如今有近50年的从业经历。忆及在鼎力时的印象，萧锡强最难忘的是有幸得到国家特一级点心师麦锡师傅的耳提面命。麦锡师傅巧手制作出美点三四千个品种（其中不乏获奖作品），在1958年为毛主席制作过茶点。麦锡师傅的指导让萧锡强掌握了众多传统点心的做法，更重要的是明白了

东海海鲜酒家的牌匾

传统手工、匠心传承的意韵。

1984年，萧锡强到深圳市人民政府接待处任职点心师，1988年回到勒流侨社任职点心师。有了这些历练，工作之余，萧锡强和太太便在家里开起了点心小作坊（连溪美点的前身）。萧锡强做点心从用料到制作均有严格标准：鸡蛋要用最好的，花生油用最纯正的，面粉用优质的进口低筋面，点心模具则纯是手工模具。2021年，萧锡强创制的连溪水晶饼荣获"顺德金牌名小吃"称号。如今，连溪美点的产品除了在黄连及周边镇街销售外，还供应深圳、广州、佛山（不含顺德）等地的喜庆围餐之用。此外，萧锡强一直坚持当天做当天发货，从不因时间紧迫而放松任何一个步骤。游客们慕名前来品尝连溪糕点后通常还打包作为手信馈赠亲友或港澳乡亲。连溪糕点日渐成为了黄连乃至顺德的代表手信。

说到糕点，刚在2021年5月获"国家地理标志保护产品"的伦教糕与黄连有着渊源，因为伦教糕制作技艺第四代传承人梁桂欢的曾祖父梁礼成是黄连北头梁氏四世祖崇瑞（云溪公，迁伦教开族）的后裔。

清咸丰五年（1855），顺德伦教圩有一间专营白粥、糕点的小店，店主梁礼成与妻子一起将其经营得红红火火。伦教糕的诞生得益于偶然。某日，梁礼成将剩下的米浆留待第二天，再加入米浆、白糖，却惊喜发现蒸出来的糕呈现猪膏面、三纹眼，口感爽滑、清甜。街坊购买食用后一致好评，便一传十、十传百地传扬开，因该糕点出产于伦教，被称为"伦教糕"。

1918年，梁礼成将制作方法传授给儿子梁满发，并将糕点店经营至抗日战争期间停业。1979年，梁满发与儿子梁伦仔重新在伦教圩经营伦教糕店，使祖传制作技艺发扬光大。1980年，梁满发将伦教糕制作技艺传授给孙女梁桂欢，使其成为梁家伦教糕的第四代传承人，并成为佛山市非遗传承人。1982年，梁桂欢开始接手经营家族传统手艺。她在百忙中不忘不断"充电"，于2012年参加了广东老字号注册评审员资格培训；2013年被评为"中国点心名师"并考取旅游酒店餐饮业国家一级评委资格；2014年考取高级面点师证书；2017年荣获"中国烹饪大师"称号。

梁伟才主编的《梁氏族谱》

真正让伦教糕"一糕风行""高高在尚"的人就是梁桂欢。2013年,她成立广东顺德梁桂欢伦教糕食品有限公司,任总经理。她制作的"欢姐伦教糕"早已荣获第三届顺德岭南美食文化节"金牌点心"称号。近年来,已被列入佛山市非遗名录的伦教糕正在申请入列省级非遗名录。"欢姐伦教糕"及其衍生产品(如鱼皮角皮、云吞皮、饺子皮等)除了供应顺德的大部分酒楼食肆外,还供应广州、佛山(不含顺德)、肇庆、韶关、深圳、东莞、珠海、中山等城市,乃至北京、江西等地。公司单是配送车就配置了40辆。让伦教糕从一种简单的地方小食向产业化发展,梁桂欢绝对是一个传奇人物。传奇还在继续书写,梁桂欢审时度势,带领企业向多元化发展。就在伦教熹涌集约工业区内,恢宏的两栋大楼拔地而起。其一是占地2000平方米,高7层,总建筑面积共14000多平方米的"欢的烧腊"食品研发中心大楼;其二为占地5000平方米,高7层,总建筑面积共35000多平方米的伦教糕总部大楼。"欢的烧腊"食品研发中心大楼首层设有"欢的烧鹅"体验店。梁桂欢的家翁(公)、丈夫本身就是烧腊行业的行家里手。店里的荔枝木烧鹅、传统古木叉烧、果木烧乳鸽、秘制黑叉烧、香脆烧腩仔、滑口鸡红等菜式脍炙人口，加入用米浆制作的烧鹅汁拌鹅肠。吃起来让人印象深刻。大楼内的"欢的烧腊"食品研发中心由顺德区市场监督管理局统一规划，将大良、伦教两街道未领取牌照的烧腊生产商集中进驻这里生产，从而实行规范化监督管理。中心内设有完善的检测设备，所有烧腊制成品须经严格的检测后才能进入市场销售。楼内还设有供游客参观的烧腊制作体验区。

伦教糕总部大楼内设有顺德区欢姐烹饪职业培训学校，由梁桂欢亲自担任校长。校内设有中餐、西餐实训室，以及中西点实训室和行政办公室。现有教职员工20人，其中学校干部职工5人，聘用教师13人、员工2人。学校以社会需求为导向，致力培养具有良好的综合素质，熟练掌握现代烹饪技术、常见点心制作、营养和餐饮管理的基本知识，科学使用烹饪原料，能从事中、西餐烹饪操作及餐饮业管理，适应餐饮行业全面发展的高素质实用型人才。学校开设初、中、高级中式烹调师、西式烹调师、中式面点师、西式面点师、中式烧腊师等职业类培训，并以"餐饮"为中心，拓展茶艺师、营养配餐师、服务技师等专业培训，常年面向社会招生。学校的开设彰显出梁桂欢的战略眼光和多元化发展——涉足厂房租赁、文化、教育、旅游方向的战略布局。

黄连厨师不遗余力地在弘扬粤菜文化和打造品牌、知名度、美誉度等方面下功夫，以厨艺赢人，以厨德服人，一直把传承粤菜视为一种容古纳今、推陈出新的南粤精神。长期以来，黄连厨师尤重选料新鲜，讲究火候，综合运用炒、蒸、煎、炸、焗、炆、扣、焯、扒、浸、烩、煨、炖、煲、烧、泡等各种烹饪技法，使菜式在色、香、味、形、意等方面臻于化境，满足食客的要求。出自黄连厨师之手的道道美食，呈现出岭南一方水土的历史脉络，复原了不同时代的风俗场景。这种用心点化普通食材的创造性，是黄连厨师群体性格的体现。他们将对于美食的用心拓展到生活的各个层面，成为一种生存智慧。

黄连厨师积极寻访顺德街坊口耳相传的本地美食，以启发思考美食背后更加深远的文化含义。他们知道，每个民族、每个地区的人们都有其独特的饮食习惯和文化传统。他们在从业过程中感知、尊重文化的多样性与丰富性，将不同形态的食物与黄连这方水土的滋养交织在一起,从而懂得美食是人类基础性的媒介方式,通过美食可以了解来自不同生活背景、社会阶层的人的看法,让美食搭建起人类沟通的桥梁。

第四节　厨师群体结构

一、厨师师徒组合

黄连厨师往往不是"单兵作战",而是"结团""扎堆",形成团队。他们之间多有师徒关系或有血缘、亲缘、地缘关系(同族或同乡)。往往是一位境遇不错的大厨带出了一串厨师,正如某名厨所言,靠"裙带关系",一传十、十传百,像滚雪球一样,越滚越大。北头村的廖辅政曾在北京天安门后面的恒祥居(经营"国宴")主理粤菜。他带出了儿子廖江海,同村的梁汉华、张伟亮,邻村的何文辉,以及多名外地的徒弟。张伟亮在广州做大厨;梁汉华先后在顺峰王府井、丰台、亚运村分店和北京总店任厨师长,如今在浙江嘉兴玉膳房主理顺德菜,拿手菜筲箕六味鱼等顺德菜极受食客欢迎;何文辉则在惠州市博罗县任厨房大佬;儿子廖江海除了与父亲在恒祥居并肩作战外,还有在北京无名居(经营"国宴")、北京颐和园饭店分店做总厨的经历。可谓"名师出高徒"。同样从北头村走出的"中国烹饪大师"梁国华更厉害,经他带入行从事饮食业的人数过百,可谓"桃李满园"。

俗话说:"师傅引进门,修行在各人。"师徒关系是黄连厨师群体中最基础的人际关系。师傅是厨艺的启蒙老师。师傅"带"着徒弟干活,只有在徒弟出错时,师傅才会指正,或者说一两句"从旁指点",不像现在烹饪学校的老师那样由浅入深、循序渐进地系统授课,更不用说理论联系实际了。但在人才奇缺的时代,师傅带徒弟仍不失为传承厨艺的一种最为普遍的模式,一代又一代的黄连厨师就这样连绵不绝地"传宗接代"。

二、厨师世家

家庭是社会的细胞。黄连有许许多多的厨师之家，或父子传承，或兄弟同厨，或夫妻共灶，演奏出美妙动听的"锅碗瓢盆交响乐"，为人们奉献出齿颊留香的美点佳肴。

老一辈名厨杜海（"水台王"，在顺德刀工大比武中获宰鸡专项第一名、起水蛇片专项第二名）和他的几个儿子都是厨业人员。"大头华"烧鹅这个世界级品牌（全球街头美食第六名）由"大头华"及其妻子钟秀云、儿子刘家勇共创。黄连烧鹅品牌则由"烧鹅英"所创，由其子"烧鹅棉""烧鹅强"发扬光大。"甄添记冰花酸梅酱"这个非遗美食项目由何氏厨师之家经营和推进。何泰源创立"甄添记"，制作酸梅酱，其长子何家强与妻子李意好承接这一古老技艺，并开营烧腊生意。何泰源的孙辈何超文、何超鸿、何超力、何超儿、何超君"合力守护"这一黄连特色美食，并创新冰花酸梅酱吃法，把冰花酸梅酱制作技艺成功申请进入区级非遗名录。当年黄连天元茶楼点心师关汉成的厨艺由儿子关海潮和关浦潮继承和发展。他们两兄弟是深圳新园宾馆和国土局饭堂的厨房大佬。何景朝、何庆朝出身厨师之家，祖父以上门"到会""做酒"为业，母亲擅烹三杯鸡、白醋煮鱼等农家菜。两兄弟青出于蓝胜于蓝，都是名食店行政总厨级别的人物。何丽英（"打荷王"）与她的丈夫邓桂忠（黄连女婿）则是典型的夫妻厨师。

"一花独放不是春，万紫千红春满园。"正是不胜枚举的厨师之家，像姹紫嫣红的群芳，装点出广东粤菜师傅名村——黄连这个欣欣向荣的百花园。

家族渊源，薪火相传，瓜瓞绵绵，几代人均以挥勺烹鲜为业，烹调高手辈出。这样的厨师世家在黄连并不鲜见。

张氏源自今河北省邢台市清河县，宋末自新会迁往黄连，如今黄连张氏集聚地东坊仍存"清河直街"街名。张氏远祖为汉代张良、唐代张九龄，涌口闸门石匾有"業繇谦屣"4个大字，遥指张良曾为黄石公拾鞋，得兵书和黄石公

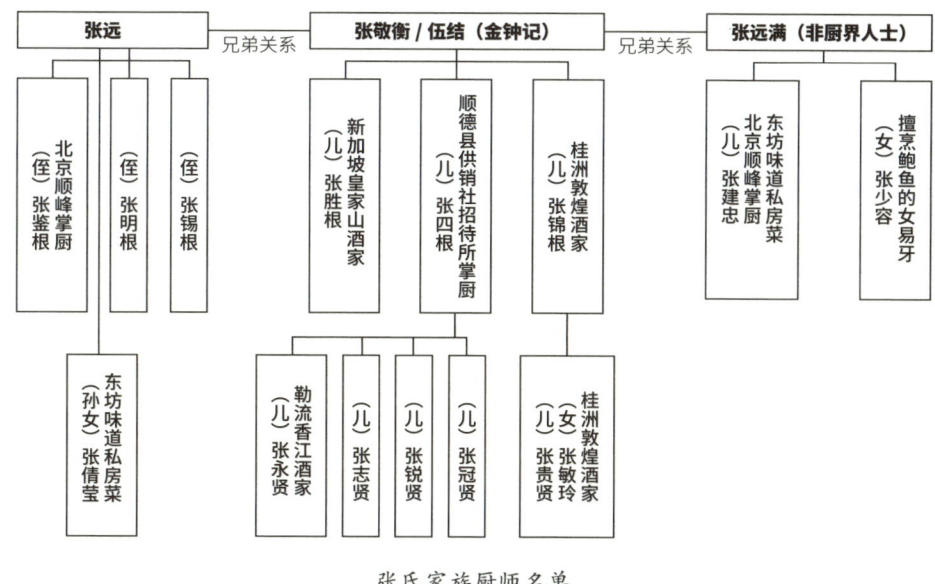

张氏家族厨师名单

指点，成为一代名士的典故。① 如今，张氏厨师世家从事的则是本义上的"调和鼎鼐"。

黄连关氏聚居"关地"。仇巨川《羊城古钞》卷七《濠畔朱楼》记载，黄连关氏始祖关肇治是东汉末年名将关羽的后代。后来关氏出了一个同样善于操刀的庖丁世家。

三、同族厨师

（一）关氏

关氏聚居处"关地坊"，人间烟火气息甚浓。除了上述关氏厨师世家外，还有同宗的多位厨艺工作者，计有关志、关棉、关汉成、关海潮、关浦潮、关海鹏、关伟鹏、关伟图、关家华、关锦璋、关志源等，共四五十位。关地有一个以宗族和乡谊为纽带编织而成的关系网络。

---

① 参见李健明：《黄连：熟悉的地方有风景（卷二）》，世界图书出版广东有限公司，2021年。

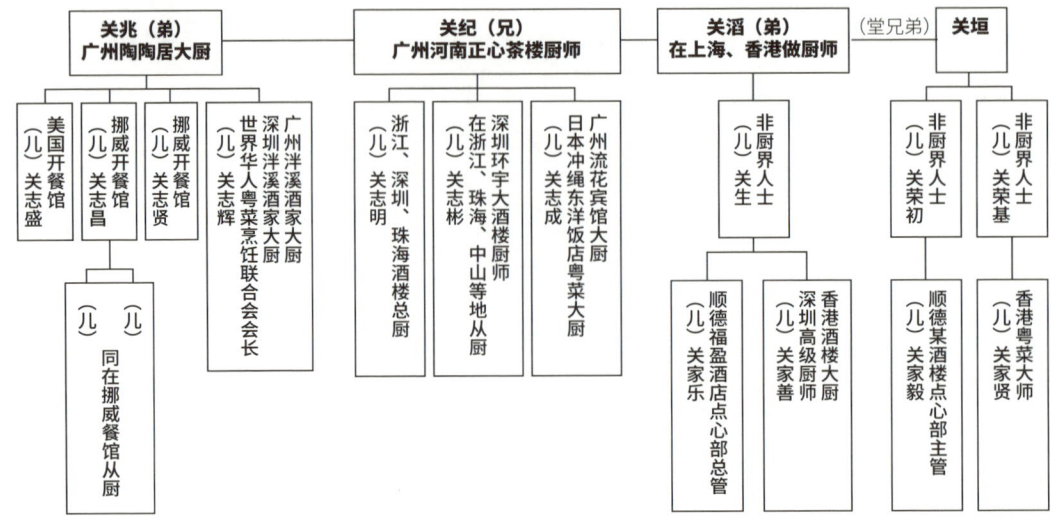

关地坊厨师网络

（二）梁氏

黄连梁氏源自河南开封（古称"汴梁"），元代迁往黄连。如今，北头坊门楼上书曰"汴梁衍派"，实为梁氏源于河南汴梁的渊源明证。除了大姓梁氏外，北头坊还有其他姓氏杂居，也出了不少厨师。

北头坊厨师名单：梁国华、梁家进、梁伟才、梁国强、梁淮江、梁汉华、梁炳伦、梁志林、梁卫汉、梁汉耀、梁焯坤、梁焯垣、梁瑞荷、梁启光、梁志邦、梁炳能、梁锡联、潘家祥、潘家松、潘家乐、潘英伟、廖辅政、廖江海、廖辉耀、黎荣、黎振威、黎振强、张伟亮。

（三）何氏

何氏以农业为主，后读书入仕，渐成大族。今黄连何氏族人多聚居深滘、基头基尾、社学街、澳心街等地。近数十年间，不少何氏族人选择以庖厨为业，形成"厨师一族"。

何姓厨师名单：何盛良、何志卿、何应、何志、何淑英、何建辉、何庆林、何国明、何志光、何建柱、何祖光、何燕霞、何文辉、何丽英、何松光、何伟文、何锦良、何汉初、何景朝、何庆朝、何家强、何家年、何家松、何建恒、何伟林、何伟强、何志强、何钊雄、何汝雄、何文杰、何劲松、何兆良、何建锋、何锦标、何锦金、何庆锦、何庆璋、何敏辉、何志根、何庆棉、何炬绵。

类似例子不胜枚举。据统计，2018年，黄连有姓氏40多个，我们可以借用"解剖麻雀"的方法，通过何姓这个典型例子，约略推算出黄连厨师的总人数。

第五节　厨师的文化程度

旧中国是个文盲遍地的国度。在民国以前，"火头军"大多大字不识半箩，不少是"睁眼瞎"。辛亥革命后，国民政府提倡"新生活运动"，办学校以开民智，但收效并不显著。与全国情况相似，黄连务厨者受教育水平较低。1947年顺德县酒楼茶室职业工会会员花名册显示，黄连饮食业从业人员平均读书约3年，具体情况见下表[①]：

表1-2　1947年黄连饮食业从业人员受教育年限

姓　名	出生年份	职　务	任职食店	受教育年限	籍贯
张　远	1914年	厨房师傅	金钟记	4年	顺德
刘应祥	1917年	点心师傅	金钟记	3年	顺德
梁　进	1889年	厨房师傅	金钟记	2年	顺德
李　焯	1909年	厨房师傅	金钟记	2年	顺德
卢　六	1903年	点心师傅	金钟记	1年	顺德
廖　贤	1916年	楼面人员	金钟记	2年	顺德
何　善	1902年	楼面人员	坚都楼	3年	顺德
吴　明	1922年	点心师傅	明　记	4年	顺德
梁　林	1911年	楼面人员	品　南	3年	顺德

① 为方便读者阅读，制表时把纪年和职务名称做了相应改动。

（续上表）

姓　名	出生年份	职　务	任职食店	受教育年限	籍贯
龚　庆	1907年	点心师傅	品　南	3年	顺德
曾九仔	1913年	替　工	分　部	5年	顺德
何　忠	1922年	替　工	分　部	4年	顺德
何　德	1928年	替　工	分　部	5年	顺德
梁　开	1907年	点心师傅	祥　记	5年	顺德
廖汉权	1927年	楼面人员	能　记	3年	顺德
马　九	1899年	厨房师傅	和　合	2年	顺德
何　保	1909年	厨杂师傅	和　合	6年	顺德
马　成	1895年	厨房师傅	和　合	2年	顺德
何　骚	1925年	厨房师傅	永　乐	3年	顺德
谢　科	1901年	楼面人员	永　乐	3年	顺德
何　和	1901年	楼面人员	永　乐	3年	顺德
孔　来	1927年	楼面人员	永　乐	5年	顺德
何　庆	1917年	点心师傅	永　乐	5年	顺德
何　济	1911年	点心师傅	永　乐	3年	顺德
曾　九	1909年	替　工	本　会	2年	顺德

　　由于年代久远，表中所列餐饮界人士事迹已不大为人所知。只知道何善是黄连名厨何应（其名见《美食勒流》）的父亲，其师傅是金钟记的韦绪，师公是擅长制作"星期美点"的"野仙"。孔来绰号"乌来"，是老耀光的师傅。梁进是黄连北头坊人，曾在香港从厨，20世纪40年代回乡，在金钟记做"炒镬"，据说曾创名菜炒水蛇片。可见表1-2所列，不乏名厨。他们的受教育程度，以如今的眼光看，是小学水平。但他们由于勤奋学习，实际文化水平不低。据前辈勒流点心师简才回忆，他有一本手抄本《庖厨备录　美味求珍》，孔来借去找人抄好，放在鼎力的职工宿舍床头，一有闲暇便专心阅读。他的室友张远悄悄取走该书，请写信人代为抄录后悄悄放回原位。张永贤证实，他见过师傅"二叔公"张远这本"秘笈"。张远早年师从黄连宿儒龚毅伯，练得一手漂亮的吊笔字。他书写的酒楼菜单龙头凤尾、龙飞凤舞。谢科是永乐及其后继者鼎

勒流鼎力的最后照片

力的头砧,负责成本核算,参与菜单设计。这与他在私塾时熟习国文和珠算密不可分。张永贤舅舅梁伟才也是一位厨师,其书法作品在乡间公告栏处处可见。不难看出,名厨能从凡厨中脱颖而出,与其文化素养高人一等有关。

到"大头华"入行的20世纪80年代,黄连高中毕业生已不鲜见。凭着高中毕业的文化优势,又有文员出身的贤内助出谋划策,"大头华"从起跑线上便一马当先,并率先冲线,成为"烧鹅英"一众弟子中的佼佼者。他目光远大,供二儿子读书直至硕士研究生毕业。

张锦根于1960年毕业于顺德商业局红专学校厨点班,成了黄连厨师中首位受过专业烹饪教育的人。

勒流侨社餐厅首位女经理陈霜银(人称"大家姐"),在20世纪80年代末至90年代初到中山大学现代酒店管理专业学习,顺利毕业。她成了黄连籍餐饮业第一位大学毕业生。受过高等教育的她管理水平大有提高。她策划的顺德美食鲮鱼宴被中央电视台搬上了荧屏,向全国播放,这在当时是一大殊荣!其后,她再接再厉,

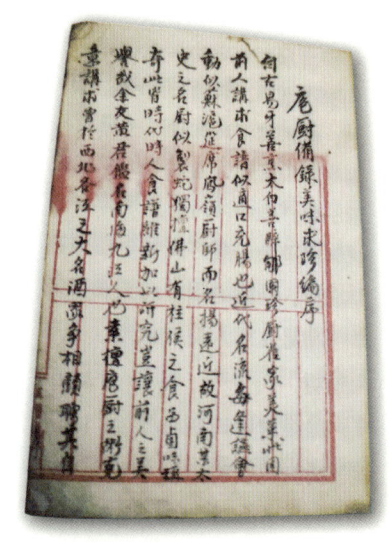

《庖厨备录 美味求珍》手抄本

"大家姐"陈霜银

推出美食鳙鱼宴,并向澳大利亚、美国、日本等国家和我国港澳地区的食客、传媒推荐。其中,澳大利亚的电视台还通过卫星向该国观众直播美食鳙鱼宴的实况。20多年来,陈霜银精心培养出来的厨师不计其数,分布在祖国和世界各地,展示着顺德美食的魅力。

更多新一代的黄连厨师是受到著名餐饮企业的专业培训成长起来的。最早由港澳餐饮管理大师"掌舵"的四星级酒店——仙泉酒店,就被誉为培养新派顺德厨师的"黄埔军校"。南粤名厨关永忠就是在仙泉酒店起步的(详见其专节),如今登上了顺德厨师学院的教坛。

多年跻身全国餐饮十强的顺峰更是众多黄连名厨学习成长的大学校。顺峰怎样培养厨师呢?下面是鼎盛时期顺峰总经理林锐均先生的经验之谈:

公司由出品总监和菜品研发部负责菜品研发。一方面,利用顺峰管理学院这个平台定期开班培训厨师,重在厨德、厨艺、厨政的培训。另一方面,在公司内部进行厨艺比赛。顺峰在北京有8家店,以店为单位,每一两个月举行一次比赛,获得评委好评的厨师,公司就给予奖励。由获奖的厨师介绍创作的心思,其他人补充发言,指出可以改进的地方。

另一个培养厨师的方式是与同行交流。比如请北京饭店、人民大会堂厨房部、中国烹饪协会的海外大厨、各省名厨来顺峰交流。我国八大菜系、各省菜系都有各自的优点和强项。我们将其消化、吸收和升华,或用我们广东顺德的烹调手法,让其焕发出生命力。

人总是追求荣誉的。我们请顺德籍"中国烹饪大师"康辉（原北京饭店总厨）收几十位技术骨干为嫡传弟子，又请人民大会堂的国宴大师做技术指导，带我们的厨师去参观人民大会堂的厨房，考察他们的管理体系。厨师们见识多了，心胸开阔了，境界提高了，因此更好学了。我们就因势利导，给他们送上进步成长的阶梯。顺峰向中国烹饪协会要来指标，单独组团，参加全国烹饪大赛和中国烹饪世界大赛，取得多项赛事的金奖。一大批顺峰名厨获得了"中国烹饪大师""中国烹饪名师"的殊荣。他们在工作岗位上发光发热，对其他厨师是一种激励和引领。

顺德毕竟是一个小地方，顺德厨师受制于文化水平，在当时的条件下进行自主创新相对难度比较大。因此，必须有机制、有措施。就算我们的出品总监，如早期的林振国、"李小龙"（黎锦培）、梁丕、雷国杰等，都要相隔几年一换，新的总监又带来新的理念和技术。离开了的原总监，我们继续与他们保持密切的联系，接收他们传来的最新信息。①

邓桂忠（黄连女婿）就是当年被顺峰纳入"年轻梯队"重点培养的对象之一。虽然只有初中一年级的文化程度，但他勤奋好学，积极上进，在顺峰这所"大学"里进步很快，并有幸进入菜品研发部，与出品总监一起，研发出白雪映金龙、东星龙吐珠等金牌名菜。邓桂忠还有幸跟随"文化中国 时代榜样——中国美食家"林振国②登上中国人民大学教坛讲课，由林振国大师口授，邓桂忠示范。

邓桂忠还进入我国最高学府北京大学的资源宾馆任副总厨，为顶级学者烹鲜煮辣，工作之余在未名湖畔漫步，吸收浓郁的人文气息和书香。

---

① 根据 2022 年 2 月 19 日电话采访记录整理。

② 林振国，中华人民共和国澳门特别行政区居民。"中国烹饪大师""国际中餐大师"，荣获 2017 年澳门特别行政区政府颁发旅游功绩勋章，荣获中国烹饪协会颁发"中国烹饪大师终身成就奖"。林振国主题邮票在全球发行，是世界献给中国人民的珍贵礼物。

邓桂忠（前排左二）在北京大学从厨

另一位在顺峰茁壮成长的是1994年毕业于全国重点职业高中的张建忠。在顺峰，他从打荷起步，历任二砧、头砧、分店厨师长，现在转型为餐馆老板兼总厨。谈起顺峰给他的教益，他特别提到"经理餐"（出外"试菜"）。他说，"经理餐"让他有机会到成功的餐饮企业考察出品、装修、市场定位、待客之道，以及管理者对大局的把控艺术等，不啻是一堂堂活生生的餐饮管理课。通过在顺峰的多年历练，张建忠已经成长为一名成熟稳健的餐饮多面手，具备了经营管理餐饮企业的能力。他选址大良近郊旧寨，创立了东坊味道私房菜馆，其招牌菜盐油蒸和顺鱼成了风靡全球的大型美食纪录片《寻味顺德》的上"片"名菜。

下面是在顺峰成才的黄连大厨名单：

张鉴根（顺峰集团出品总监）

张锡根　张明根　梁汉华　张建忠

黎振强（顺峰分店厨师长）

何景朝　何庆朝　何伟林

何伟强　何建辉　林剑业

林剑辉（头砧）　梁明华（头镬）

张志坚（头杂）

创立"东坊味道"的张建忠

第六节　厨师的就业分布

黄连厨师当初大多是乡厨或"火头"。所谓乡厨,就是在当地或邻近乡村上门"做酒"的村间厨工,具有临时性和流动性,只有在逢年过节或婚嫁喜庆或庙会时才有工可做,闲时务农,是小型分散的"烹饪游击队"。如前文所记在大晚大醮"七昼连宵"中挥汗炒菜连轴转的梁仕仁就是黄连乡厨的典型代表。"火头"是在工厂或商号里料理伙食的企业厨师。还有就是在花尾渡或红星客轮上抓镬铲的"行厨"。黄连因水上交通枢纽的地理优势成了顺德内河地区的中心,"行厨"自然不少。

据《顺德美食在海外》一书记载,"凤城厨师"早在鸦片战争前,已活跃在广州十三行的厨房里,为富可敌国的行商们烹制珍馐玉馔或清新小菜。据《十三行的顺德行商》所记:"广州十三行最早的第一主打之外贸商品,便是从桑园围的甘竹港装船的。因此,当时世界第一商港广州十三行,出现了众多的顺德籍十三行行商,如黎家、谭家、关家等。"[1] 这些自小吃惯顺德味道的行商把乡亲带到十三行从厨掌灶,是合乎常理的事情。清代同治年间已有黄连厨师到省城广州,在西关(今广州市荔湾区)等地业厨。南乳花生的始创者刘阿德就是从黄连走出的一名厨师(详见其专节)。民国时期至中华人民共和国成立初期,广州是黄连厨师向往的就业地域。经祖籍黄连关地的银行家关楚白引荐到西关掌勺的亲戚及乡亲不在少数,其中不少落脚在陶陶居等酒楼食府。据《百年老店·广州老食肆与老食语》记载:"陶陶居饭店在建钢筋混凝土大楼时,资金不足,只好向关恒昌银号贷款周转。后来,关恒昌老板关楚白将大部分贷款作为投资入股。"[2] 作为大股东,关楚白自然有脸面向陶陶居介绍乡里入店从厨。关纪、关兆就是抗战期间经关楚白关照,到广州酒楼学艺谋生的。

---

[1] 谭元亨:《十三行的顺德行商》,广东人民出版社,2019年。
[2] 龚伯洪:《百年老店·广州老食肆与老食语》,广东科技出版社,2013年。

前者在正心茶楼掌灶，后者在陶陶居做到总厨。而关兆的妻子陈翠棣（容桂上佳市①人）则在陶陶居分店牛肉馆任厨师。关兆的10个儿女中就有8位在陶陶居、泮溪酒家、东方宾馆做过厨师。关纪于1979年退休后，第四子关汉成顶职，在广州流花宾馆餐饮部任高级厨师。同宗兄弟关海鹏则在广州大公餐厅工作。关志在广州制作美点，现已退休，儿子也当大厨。关汉成的外甥梁臻（一作"津"）是特级厨师，先后在广州餐饮名店利口福海鲜饭店、东方宾馆从事点心制作，曾回勒流示范猪油包的制法。而他的儿子也继承父业，在光复南路太如茶楼掌厨。黄连人萧肇南先后在越秀山晴雨轩和广州宾馆做点心师。吴麟，点心师，在广州太平桥的太如茶楼从厨，后被调入上九路天元茶楼和大同酒家掌管烧腊业务。1989年，北头坊的廖辅政在广州临江酒家当头镬。

与关楚白相似，民国时曾任广州市西区、中区探长的梁景瀚（字自重）提携了不少乡亲前往广州的"匹头铺"（经营香云纱和纺织品买卖的店铺）以及"生鱼栏"（运销顺德产四大家鱼的商号）里当火头。还有一批黄连厨师到广州各大酒楼谋生。谢科曾在广州十大茶室之一的半瓯茶室担任厨政，后被勒流豪绅"大金钟"聘至永乐当头砧。

改革开放后，国家允许人口流动。黄连厨师出外谋生，大多在珠三角各地发展。深圳这个改革开放的桥头堡，因为发展前景好、上升空间大、晋级机遇多，而成为黄连厨师就业的理想选择。萧锡强、关海潮、关浦潮是奔赴深圳特区的先行者。萧锡强在市政府饭堂掌厨，先做点心后任炒镬。他亲眼看见市长梁湘乘电梯让位的动人一幕，见识了经济特区人的高格局，并在接待各种客人的料理活动中悟出了烹饪要随时代、地域而变，与时俱进、因地制宜的真谛。回到黄连后，把自己的心经运用于连溪美点的制作之中，把水晶饼培育成顺德金牌名小吃。关氏兄弟则把深圳作为自己职业生涯的首选地点，并在特区坚守数十度春秋而不离不弃。广东省餐饮技师协会顺德烹调专家委员会委员、顺德点心专家委员会副会长梁国华念到小学四年级就"义无反顾"地前往深圳，开始他

---

① 现建制为顺德区容桂街道上佳市社区。

的美味人生。世界华人粤菜烹饪联合会会长关志辉在深圳泮溪酒家做大厨时，获得了技术移民的机会，远赴挪威当主厨，而后开餐馆，成为中国粤菜文化的传播大使。

较早到深圳打拼的黄连厨师

北京是伟大祖国的首都。一篇题为《顺德菜在北京》的网文写道："改革开放以来，经济繁荣带来的人口流动和中国的政治特征使得各个地方的菜在北京都能吃到。驻京办就是一种典型特征。"每个地方的驻京办工作人员用家乡的菜宴请客人，也是一种诚意。在这种背景下，顺峰应运而生，在京8家店做得风生水起，"饭馆门口永远停满了就餐的车辆"。顺峰的走红，让粤菜在北京餐饮界掌握了话语权。此时，黄连人张鉴根把一大批黄连子弟带到了顺峰，而自己以一片赤诚和精湛厨艺步步高升，最终登坛拜将，享有"厨帅"美誉。而北头坊的廖辅政父子在经营淮扬菜（号称"国宴菜"）的恒祥居主理粤菜厨政。父子二人挥勺炒菜的灶台就在北京天安门后面，令人联想到当年在御膳房里忙活的御厨的故事。

香港和澳门是中西方文化碰撞交融的国际大都会，分别有"美食天堂"和"世界美食之都"的美誉。睁开眼睛看世界的黄连厨师早就涉足其间，雄心勃勃要在此大展身手，干一番调和鼎鼐的事业。

点心大师关家乐的祖父关滔早年曾在香江（香港）献艺，孙子关家贤也在香港执掌厨业。这是厨艺基因的隔代遗传。

1959年，当时只有9岁的张康移居香港，长大后投身饮食业，先后在深圳香格里拉皇宫酒楼、天津君悦酒楼、广州万通太古酒楼、香港大荣华酒楼从事经理、行政总监等工作，是香港"食神"梁文韬的得力助手。其胞弟张宁也曾在香港皇宫酒楼、弥敦酒楼执掌厨政，是位烹调高手。张康把老乡关棉带进了元朗大荣华酒楼做楼面工作。

北头坊的梁定祺今年80岁,在香港回归祖国前曾专为驻港英军做咖喱,一做就是10年,是一位专门家。他做菜也有一手。张氏厨师世家的第三代张锐贤也曾在香江执厨。他的三弟张永贤创办勒流香江酒家,可能出于对其兄的一种想念。

在香港司厨业绩最彪炳的也许是从萧地走出的萧伟松先生。他于1986年入行,此后一直从事餐饮业。他于1987年赴香港,曾做过广府菜、潮州菜及京、川、沪菜。他曾在富豪酒店、喜来登酒店等国际级酒店任行政总厨,亦曾任德国汉莎航空公司第一个中餐研发飞机餐CEO管理职位;曾到美国夏威夷,越南河内、岘港,马来西亚沙巴和中国北京、上海、太原、深圳等地任餐饮总裁兼行政总厨;现时在香港做富商林建岳的私人厨师,负责接待各人事饭局。他还是法国中餐饮食协会、美国亚太区餐饮协会荣誉主席。

香港大厨萧伟松　　　　　　　钟卓荣展示"米其林二星"奖章

另一位黄连厨师钟卓荣也身手不凡。他在1988年入仙泉酒店跟香港名厨学做点心。1995年起在大良金榜大酒店任点心部主管。2003年赴香港,在以月饼出名的香港美心酒家做美点。2014年起,转入万豪酒店属下的"米其林二星"餐厅天龙轩中餐馆,任甜品出品负责人,荣获"米其林二星"厨师殊荣。

新鸿基地产创始人郭得胜的夫人邝肖卿经常去那里饮茶，津津有味地品尝钟卓荣制作的杏汁官燕、杨枝甘露等甜品。

不少黄连厨师目光远大、胸怀宽广、胆识过人、勇于冒险，迈出国门，远涉重洋把顺德美食做到天涯海角，在五大洲都留下了他们的足迹。

根据现有史料，黄连人最早东渡日本，从事餐饮业。《黄连史料》记载，顺德黄连籍的日本华侨周敬文（1880—1957）曾在横滨创办万新酒楼；他的侄儿周潮宗（1898—1980）开办了同发中华料理餐馆，后来发展至在横滨有5间店，在东京有2间店，鼎盛时有12间店。他兼任日本京滨华厨会所顾问。周潮宗长子周富祺18岁到日本，其后开了10多家餐馆，有一家饼厂。他做事亲力亲为，常在店门口90度鞠躬迎接客人。周富祺身为日本华人协会主席，接待过中国访日领导人。他桑梓情深，给黄连捐建了一座400米跑道运动场。其子现仍在日本经营家族生意。

关地的关志成曾被日本老板聘请到日本冲绳东洋饭店任粤菜大厨六七年。此外，还有不少黄连厨师在日本酒楼食店献艺。曾任广东高明县（今佛山市高明区）主要领导的欧阳洪（曾创"市长鹅"）回忆，1983年，他到日本访问时，有一位高明籍华侨介绍说"这是顺德黄连的一位大厨"。据欧阳洪介绍，有不少黄连的草根厨师在日本烹制手撕鸡和云吞面出售。日文的馄饨也随粤语发音，写作"云吞"，说不准与黄连厨师的口语有关。

南洋也有不少黄连厨师的身影。《顺德美食在海外》记载："顺德的黄连厨师与黄连风炉在当地一样备受欢迎。包括新加坡在内的南洋地区大户殷商以家里有黄连厨师掌灶为荣。"[①] 黄连厨师世家张氏第二代传人张胜根于1970年左右随姑姑从香港赴新加坡。他在新加坡食街开了皇家山海鲜酒家，经营了10年之久，直至退休。张胜根是个烹炒、点心、烧腊俱精的全能型厨师，尤擅掌管蒸镬，以火候把控精准著称。他的妻子是一位越南华侨，所以张胜根也善于烹制越南菜和越南小吃，如越南春卷。皇家山海鲜酒家以用顺德蒸鱼绝技

---

① 周冬韵、廖锡祥、徐洋：《顺德美食在海外》，广东人民出版社，2021年。

黄连风炉私房菜　　　　　　　　　　黄连风炉

烹制当地盛产的海鲜（如老虎斑）出名。

挪威是黄连厨师扬名立万的国度。祖籍黄连关地的关志辉出身饮食世家，技术移民到挪威后，先任厨师后开餐饮店。为了更好地弘扬中华文化，搞好"粤菜师傅"工程，2019年4月，由关志辉牵头，在挪威首都奥斯陆注册了一个"世界华人粤菜烹饪联合会"，借此联合全世界各国从事餐饮业或者曾经从事餐饮业的华人团结在一起弘扬及宣传粤菜饮食文化，由关志辉任会长。他荣获2010年世界华人精英杰出人物奖（详见其专节）。关志辉的几个弟弟和姐妹在挪威各有自己的餐厅或外卖店。

关志辉的弟弟关志盛移民美国，在中餐馆任厨师。黄连北头坊的潘家松移居墨西哥，先在一家餐馆从厨，后接手经营餐馆。中国香港的张宁现转投澳大利亚务厨。

综上所述，黄连粤菜厨师不仅人数众多，分布广泛，而且厨艺高超，业绩卓著，名厨辈出。有诗咏广东粤菜师傅名村——黄连：

古镇文明绽异葩，烧鹅名世拼肥叉。

堪夸五百调和手，四海烹鲜比易牙。

第二章

黄连粤菜师傅故事

第一节 南乳花生的创制者"盲公德"①

"嚟啦喂!粒粒脆,和味南乳肉!唔使煲,唔使焗,好食过腊肉!"②以前街上的盲人就是这么叫卖南乳花生的。南乳花生堪称"百年小吃",其制作技艺被列入了广州市级非遗名录。

南乳花生源自清代同治年间,创制者是来自顺德黄连的"盲公德"。"盲公德"原本是厨师,有一年过年炸煎堆,被滚油灼伤了双眼,从此失明,大家叫他"盲公德"。他性格刚强,不肯向命运低头。为了谋生,他用卤水、河沙炒南乳花生,非常美味。"盲公德"住在西关多宝坊,先是在门口设摊摆卖,得到他的顺德同乡——住在多宝坊的退休大官、探花李文田的赏识,其南乳花生声名渐响。有一次,十三行有一大户人家向他订了一些花生。炒好之后,他亲自送去。他额外多带了些花生,边走边叫卖:"南乳花生肉!"没想到很多人来买。他用纸卷起一个个小锥筒装花生,很快就全部卖掉。后来很多盲人都仿效他,靠上街卖南乳花生为生。而做苦力的搬运工特别爱买二两南乳花生下酒,自娱自乐。有诗咏南乳花生:

盲公创制探花名,脆化甘香美誉声。
闲买几文南乳肉,当街佐酒胜公卿。

"盲公德"成了南乳花生的鼻祖。南乳花生制作技艺为第二代阿成、第三代阿光(刘志光)所传承。阿成和阿光均为失明人士。阿光在20世纪60年代原本上盲人学校。"文化大革命"时期,学校关闭,他只好上街叫卖南乳花生。

---

① 此文参考了《广东风味小吃》和《食典寻源——顺德名菜的美味故事》两书。
② 在粤语中,"嚟"的意思是"来","唔使"的意思是"不用"。

南乳花生

他声音洪亮,是广州仅剩无几的瞽师传人之一,师从羊城盲人地水南音一代瞽姬温丽蓉(从艺60多年,作品有《大闹广昌隆》《男烧衣》《客途秋恨》等)。阿光是羊城最后一位上街吆喝售卖南乳花生的人。

第四代传人是阿光的亲侄儿刘展明。刘展明视力正常。按照卖南乳花生这一行业的规则,如果开眼就不卖,除非开档(店面)。刘展明在广州教育路开了一间小吃店,以"盲公刘"为品牌。他之所以用"盲公刘"作为商标,一是为传承,二是通过商标让后人知道这一行的渊源。他的小吃店除了卖"粒粒脆"南乳花生、传统带壳脆花生之外,还卖传统手工芝麻糊、花生糊、芝麻花生鸳鸯糊、传统姜汁汤圆、"盲公刘"糖不甩、芋圆烧仙草、杨枝甘露、药材鸡杂汤、怀旧咸酸等,收获街坊口碑,远近驰名。刘展明被认定为南乳花生制作技艺非遗代表性传承人。他还是广州市海珠区民间文艺家协会民俗工作委员会副主任。他于2021年11月2日病逝,广州市海珠区民间文艺家协会为此发布了讣告。

第二节 刀工出神入化的鱼生师傅伍仙

伍仙,绰号"野仙",黄连人,《凤城美食传奇·李鸿章倾情顺德鱼生》

中"野仙"的原型。民间传说中的"野仙"一生行踪不定,身怀做鱼生的绝技,能在蒙目的情况下切脍如飞,只用一盏茶工夫,就能把一条鱼起皮拆骨,切成轻可吹起、薄如蝉翼的鱼片,一时名动岭表[1]。经人推荐,"野仙"被清末权臣李鸿章召上京师献技,在饮食界传为佳话。现实中的伍仙是个怎样的人呢?

20世纪40年代,勒流圩是个热闹的货物集散地,悦来街商贾云集,金铺、赌馆、酒馆林立,从茧站到大晚闸头一段河堤上,就有拱北楼、月海楼、永乐等近20家食肆,构成了"勒流美食一条堤"的独特景观。经多年漂泊的"浪子"伍仙,终于在悦来街立稳了脚跟,开了一家"野仙"记鱼生店。该店铺面不大,但人气颇旺,只因店主伍仙具有两大"气场":①诙谐幽默的性格,喜欢说笑,爱谈"食经",让食客不仅有得吃,还有得听,加上他那酷似马师曾(粤剧大师)的"乞儿喉",很有独特的"磁力"。②精湛熟练的技艺,能够一边与人聊天,一边手持锋利的桑刀,飞斫玉脍。见过他操刀的人都说,他切的鱼片其薄如纸,冰清玉洁,晶莹如镜,在阳光或灯光下呈现彩虹光泽,放血清净,没有腥味,配料藕片、萝卜丝、柠檬叶丝、沙葛丝、草果丝等,或如蝉翼,或如细发,丰富多样,但不用味甜的马蹄(荸荠)和质硬的花生米,以免味觉和质感不协调。只见他把鱼片拌上花生油,然后把配料加盐拌匀,但不让鱼片直接碰盐,以免生溽致腥。经伍仙的精细处理,鱼生让人吃来遍体生凉,满口生津。据说,20世纪50年代初期,顺德总工会主席何秋如曾品尝过伍仙的手艺,大加赞赏。

伍仙殁于1951年。

第三节 运刀如风的食材"美容师"谢科

谢科,1901年生,念过3年私塾,早年事迹不详,只知道他在加盟勒流

---

[1] 即岭南地区。

饮食名店永乐前，已是广州半瓯茶室的砧板大师傅。半瓯是20世纪三四十年代广州十大茶室之一，属知名茶室的"后起之秀"。原在十八甫①，顾客多是银行界人士及西关富豪、小姐等，后迁至永汉路财厅前，中午顾客中公务员云集。该茶室的名点有风行一时的山楂奶皮卷，以"甜而不腻，甘而不饱"著称。

受聘永乐时，谢科约44岁，出任酒家头砧，兼管理厨房，负责出菜单，与著名"头镬"罗二（绰号"神圣二"，《顺德名厨》有传）双剑合璧，组成最佳拍档，充当永乐的"台柱"。谢师傅各种刀法娴熟，斩、劈、切、剁、片、剞、起、改、刮、拍、撬、削、剖、戳等刀工"十八般武艺"样样精通，特别善于将粤菜标准刀法综合运用，灵活掌握，加以百般变化，不仅根据烹饪需要，将原料切配成合适的丁、丝、粒、片、球、块、件、脯、条、段、"旧"（即滚刀块）、花、米、松（繁体为"鬆"）、茸或蓉等形态；更擅长改成各种像生图形，并刻上各种美丽花纹，尤其善于利用不同形状、不同深浅、不同角度剞成的刀纹，令鱿鱼受热自然卷曲成所设定的图案，让平淡无奇的鱿鱼光面平添上令人愉悦的姿彩。据老同事回忆，谢师傅只消两三刀就能给一只光鸡褪骨切球，可谓运刀如风。谢师傅不啻是一名食材"美容师"。见过他操刀切配的人，都赞他成竹在胸，干活"滋柔 淡定"（从容不迫）、"干净企理"（规范周正）。他的拿手菜有鱼白田鸡腿、瑞里怀胎等。谢科还长于做成本核算，充分利用食材，讲究经济效益。他的长处还在于酒席设计科学，菜肴搭配合理。且看谢科当年设计的一张请客菜单：

菜式			
蟹肉燕窝羹	冬笋响螺片	鱼白田鸡腿	金华文昌鸡
红烧水鱼	柚皮大鳝	苕菜扒鸭	清蒸鲈鱼
发菜豚蹄	生菜胆	扬州炒饭	
主制师傅			
罗二		谢科	

---

① 位于广州市荔湾区（西关），是西关最早的商业区，从明代发展起来，沿西濠西岸及下西关涌（大观河）两岸有18条商业繁盛街圩。

中华人民共和国成立初期，随着时代的改变，由永乐脱胎而成的鼎力，餐饮服务对象由富豪绅士转为工农大众，菜肴由粤式大菜转为家乡小菜、随意小炒。作为筵席设计师，谢科顺应时势，对菜式及时加以调整，特别是在烧味部师傅程生（绰号"油鸡生"）的配合下，适时推出了一系列特色饭、面——油鸡饭、乳猪饭、烧肉饭、烧鹅饭、白切鸡饭、三凤饭、鸭腿面等。其中"三凤饭"用白切鸡、烧鹅各四五件加上半只咸蛋、几条靓菜远与靓饭会成，能佐酒下饭，很受食客欢迎。午市供应的鸭腿面用油炸过而后炖焾的一只鸭腿，加上陈皮，放在面条之上，注入上汤，盛以汤窝（窝盘），很有吸引力。这一与时俱进的新举措让鼎力生意红火，营业额居勒流第一。

谢科作为"砧板大佬"一直工作到近70岁，店里仍想留用他，可见他工作相当得力。在培育烹饪人才方面，谢科也功不可没，勒流一代名厨张远曾受教于他。

1972年，谢科因病去世。

第四节　勒流名厨张远

在勒流餐饮业界，张远可谓大名鼎鼎：老行尊心悦诚服地尊他为"一代名厨"；中生代奉他为"师傅"；少壮派称他为"师公"。他堪称现代勒流厨师的祖师爷，20世纪50—80年代勒流厨坛的台柱。

张远，黄连人，出身烹饪世家。早年跟其兄张敬衡入行，在黄连金钟记学艺，后师从永乐头镬罗二，从水台宰鱼杀鸡学起，打下了坚实的厨艺基础。在名师的言传身教、耳提面命之下，张远很快就学有所成，后来成了鼎力的主厨。

据徒弟回忆，张远技艺了得，砧板干净，食材整齐，干活有条不紊，刀工纯熟，口才好，言谈幽默。他是黄连宿儒龚毅伯的学生，写得一手漂亮的吊笔字，书写的菜单不啻是艺术品。

由于有一定的文化功底和艺术修养，张远能创作出色、香、味、形俱佳的美食精品。例如，他将炒水蛇片与野鸡卷制成拼盘，美其名曰"龙凤双拼"（有人曾将此菜借用参赛而获奖）。一位餐饮界资深人士记得，张远曾做过一款蛋白鱼茸粥，即把蒸熟了的鸡蛋白切成细粒，加入鱼茸同煲。许多食客品尝之前还当是"米沙鱼茸粥"呢，其刀工精细可知。

张远善于学习、改良、创新。他曾到广州北园酒家等名店学会了烧腊凤眼润（肝）、东江盐焗鸡、白水猪肚等菜，然后加以合理的改良：把传统的盐焗改为水浸，既保证了鸡肉的嫩滑，又可省时省工，制成了勒流名菜香麻手撕鸡；把永乐名菜炒鲩鱼卷改为炒生鱼卷和炒鲈鱼卷，以满足品位不断提升的食客的需要。最令人称道的是，1979年张远在湖南长沙参加一次全国性技术表演时，把顺德传统菜炒鸳鸯蛋加以改良，取湖南盛产的鲜蛋、皮蛋和咸蛋同炒而成味道、质感、颜色各异而又融为一体的佳肴——炒三色蛋。他还把传统的烧腊凤眼润改成妙趣天成的珍品——三色凤眼润。张远自然受到嘉奖，并把顺德美食和厨师的大名传至各地。

由于烹技出众，有上级领导到勒流指导、检查工作或外宾到勒流寻味，供销社总会派张远负责接待。著名粤式点心师陈勋说："我最欣赏张远的炒水蛇片，鲜甜爽滑。"

回顾起来，张远最大的贡献有二：①在物质匮乏的困难岁月，他烹制了一大批用料易得的菜式，如香麻白水肚等；或借鉴他人的制作，引进勒流，如太阳鱼。他将粗料或常料精制，为群众改善生活提供了价廉物美的菜品。②在烹饪人员青黄不接的时代，张远几乎独力支撑勒流厨坛，又是亲自表演又是开班培训，又是挂钩帮带，大力培养烹饪人才。下面引述1980年广东省基层饮食服务公司转发的材料《顺德厨师后继有人》中的两段文字：

> 沙滘公社厨师刘伟向勒流名厨张远学习了三色凤眼润、手撕鸡等名菜，而张远同志也虚心向刘伟师傅请教了"鱼腐"的制作方法。

曾出席过全国供销总社召开经验交流南方片技术表演的勒流饮食商店名厨张远，近年来为本店及外地兄弟单位热情培训厨师五十多人。这些青工经过短期跟班学习，都基本上掌握了较全面的烹调、制作技术，可以独立工作。该店青工谭永强1972年参加工作，现在已成为有一定技术水平的青年厨师。他在砧板、炒镬及菜肴的色、香、味、形等方面都有一定造诣。

上面所引的档案材料清楚地表明，当时的张远已是一位名厨，其影响已经超越省界。他的主要功绩是培养了一大批烹饪新秀，其徒弟远不限于本镇、本县，其中已有出类拔萃者，如当今粤菜烹饪大师、"顺德厨王"谭永强和曾任顺峰北京总店厨师长的张鉴根，就是张远的高徒。

1984年，张远被佛山市人民政府评为年度先进工作者。

1987年，德高望重的张远免试被广东省有关部门授予"特级厨师"称号。他的两名高足——谭永强和张永贤经过严格考试，也荣膺"特级厨师"称号。师徒"同科折桂"，在勒流厨林传为美谈。

更令人钦佩的是张远为弘扬顺德饮食文化而活到老、学到老、奋斗到老的精神。到了"耳顺之年"，张远已经名满珠三角，但还到广州虚心向粤菜大师黎和、著名粤式点心师陈勋求教。1986年后，张远退而不休，1990年到大良，受聘顺德贸易旅游中心技术顾问，无私地把技艺传授给包括后来获"中国烹饪大师"称号

张远（右）向谭永强传艺

（中国饭店协会授予）的董国成在内的徒弟，最后在任内因病辞世。直到如今，人们谈到张远时，还会流露出敬仰之情，并对他的去世感到惋惜。"二叔公（张远）做到死"——群众一句纯朴的话语，赞美了张远"生命不息，工作不止"的可贵精神。

第五节　黄连烧鹅创始人"烧鹅英"

　　勒流黄连是个有着1000多年历史的美食之乡，其烧鹅制作自然源远流长。然而作为一个烧腊品牌，它还是后起之秀。查《黄连史料》，当地烧腊的历史名品是三拼烧，而只字未提黄连烧鹅。可见，与三拼烧比较而言，黄连烧鹅属于"小字辈"。据《美食勒流》一书记载，黄连烧鹅大约成名于20世纪60年代。据社区里的老人说，"烧鹅英"是黄连烧鹅的鼻祖。

　　"烧鹅英"本名谭德英，身材高大，双目如炬，秉性有傲骨。在专攻烧腊之前，他曾干过多个行当，如卖水蟹、养金鱼、代卖猪肉等，干一行专一行。"烧鹅英"是个食不厌精的乡间美食家。他在屋顶栽种菊花，天天爬上爬下，浇水施肥，等到菊花初放时，摘取花瓣放进蛇羹里，取其新鲜。他剁鱼茸绝不把鱼茸翻来覆去，而是剁一层片（切成片）一层，直至不能再片，把底层的弃掉，说是"沾了砧板的浊气，吃不得"。他擂米沙，擂浆棍不沾沙盆，说是"沾盆了米会起浆，不好吃"。像这样的"花边新闻"，"烧鹅英"有很多。"烧鹅英"与张远等几位美食家、烹饪高手轮流坐庄，以吃会友，举行美食"诸葛亮会"。一位曾亲历其境的饮食界人士回忆说，他们"摸着酒杯底"，一边品尝自制的乡间美食，一边神采飞扬地发表高论，时而抓住菜品一个极其细微的缺漏加以辛辣讽刺，时而热情洋溢地高度赞美烹者的鬼斧神工，时而抓耳挠腮地苦思改进的良策。从香港回乡的大厨贤哥偶有开口便石破天惊，一语中的。《美食勒流》

评论:"这是勒流美食史上极其温馨的时刻,多少勒流名菜美点就在这样的瞬间悄然诞生。"而当年有幸借故"偷师"的大头华("烧鹅英"入室弟子刘绍华)回忆他"窃听"到的烹调秘诀:浸冬菇用开豆粉水浸,冬菇会发亮;浸肉片、浸鸡血,都要用"虾眼水"(微沸的水),不能用大滚水①,否则肉质不滑,浸时不要触动肉料,一动,原先所上的粉便会散。

至于"烧鹅英"烤制烧鹅究竟师从何人,民间有几个不同版本:① 20世纪50年代,黄连天元茶楼东主阮权的妻子毛女之父,乃广州某大酒家的烧腊师傅,毛女自小得父真传。"烧鹅英"因常去天元茶楼饮茶,因而与毛女熟稔,常向毛女请教烧鹅技术。毛女为其真诚所动,把家传秘技和盘托出。②"烧鹅英"的烧腊之技得自弟妇之兄——大良"烧鹅允"的传授。③"烧鹅英"的师傅是一位烧制羊额烧鹅的高手。④一位亲戚在香港某金铺当火头,从香港某烧腊大师处"偷师",回黄连后把秘技传给"烧鹅英"。凡此种种,无非表明,野老村氓对"烧鹅英"的烧鹅技艺甚是景仰、好奇,并赋予了某些传奇色彩。连其子"烧鹅强"(谭永强)也称不知父亲的技艺来源。其实,是"烧鹅英"在顺德传统烧鹅技艺的基础上博采众长、精益求精,并加以创造性发展。

"烧鹅英"烤制的烧鹅让人垂涎:油光耀眼,色如重枣,皮薄如绸而不起皱,宛如模特儿身穿薄缎云纱,该凹就凹,该凸就凸,而且香气四溢,沁人心脾。"烧鹅英"刀工了得,每块烧鹅皮绽裂向上,如果鹅皮凹陷,鹅肉就不鲜了。据说他用的刀法不同,斩出的鹅块味道就有异。

"烧鹅英"的烧鹅档设在黄连拱桥涌一旁,非常简陋,仅一台一砧。但他做生意态度执着认真,几十年来都恪守着"不靓不卖,过时不卖"的原则。据说,他每天限售6只烧鹅,如果买不到好鹅,他就宁愿扛根鱼竿到北面海钓"林哥"(笋壳鱼),也不做生意,为的是保证烧鹅的高质量。他的儿子"烧鹅强"证实说:"我们的烧鹅直到今天用的都是炭烧,采用最传统的工艺。父亲对材料要求很高,不只是为了赚钱,并非订烧鹅的人多进货就多。"外村外镇有人

---

① 在粤语中,"滚水"的意思是开水、沸水。

准备婚宴，提着大批鹅只慕名前来，即使早已熄火停炉，"烧鹅英"二话不说，马上让儿子生火开炉，从早到晚，只为及时送上喷香焦脆的烧鹅。其义与仁，深得乡邻推崇。

在"烧鹅英"为黄连烧鹅开创品牌之后，黄连烧鹅名师迭出（详见"烧鹅强"和"大头华"专节）。这些身怀绝技的烧腊师大多没有离开过生于斯、长于斯的家乡，执着地坚守着祖辈或师傅那里传承下来的手艺，有的甚至拒绝我国港澳地区和日本等国酒楼的高薪礼聘，为的是正宗的黄连烧鹅技艺不外流。为了保证烧鹅的质量，不玷污祖辈流传下来的正宗本色，他们放着财不发，坚持每天限量烧制发售。他们就是这样恪守家训师箴，在思想上、业务上"时时勤拂拭，勿使惹尘埃"。这样的黄连烧腊师世代薪火相传，使黄连烧鹅的正宗风味得以保留和弘扬。

第六节　顺峰"厨帅"张鉴根

曾任顺峰出品总监的张鉴根，绰号"鬼鉴"，黄连人，出身厨师世家，伯父、父亲皆为老一辈厨师。他自幼受到家庭熏陶，其兄弟张明根、张锡根也从事厨师行业，而且都曾在顺峰掌勺。

张鉴根大器晚成。他半路出家，在名师张远的指导下，在勒流名店鼎力学有所成，精通烹饪的"十八般武艺"，然后到勒流侨社从厨。1983年，中央电视台在勒流侨社餐厅摄制顺德美食鲮鱼宴，他就是主理厨师之一。张鉴根热爱厨艺，在顺峰效力直至67岁，已经"超时服役"了。在顺峰，他多年干着劳动强度最大的活儿——站头镬。

张鉴根从业约40年，做过砧板工，后改炒镬，练就了一身过硬的真功夫。早在勒流侨社工作时就已当上了厨师长，以后在顺峰历练，厨艺更臻炉火纯青。

张鉴根最拿手的当然是镬上炒功，凡是顺德小炒之类的菜肴随手拈来，样样炒得出神入化，美不胜收，诸如大良炒牛奶、生炒糯米饭、煎焗西江鲩、脆皮石岐鸽、盐烧东星斑等"香口菜"，也做得令食家闻香下车。其中盐烧东星斑是张鉴根最叫得响的拿手菜之一。他的"龙王夜宴"曾获第五届全国烹饪大赛金奖。此外，张鉴根曾应北京电视台"八方食圣"节目组之邀，进行现场演示。最让张鉴根津津乐道的，是1996年进钓鱼台国宾馆献艺的往事。那时，国家领导人宴请来访的俄罗斯总统叶

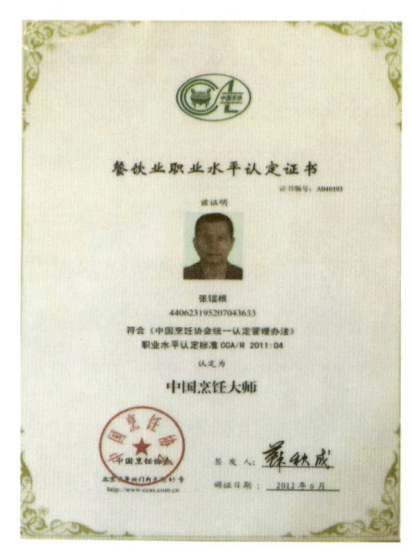

"中国烹饪大师" 张鉴根

利钦。受顺峰派遣，张鉴根与欧阳叶伟、张海发等厨师组成的一个粤菜班子，先在顺峰北京总店做了清蒸苏眉头腩、红烧乳鸽两道佳肴，用专车送进钓鱼台国宾馆，然后回热加工，供贵宾享用。宴后，多位国家领导人热情地与张鉴根等厨师合影留念。这张照片至今仍被张鉴根珍藏着。

张鉴根工作勤勤恳恳，任劳任怨，为人低调实干。人们给他起的绰号"鬼鉴"，是用以赞扬他烹调"鬼才"，经他妙手烹制的佳肴，不知让多少食客在顺峰得享口福。而同事给他以"厨帅"之誉，企业给他38万元年薪，是对他高质量服务的肯定和回报。

如今，张鉴根已经荣休，在家里煮煮饭，接接孙子，享天伦之乐，陪伴家人。这是对多年出外导致聚少离多的一种补偿。曾长期采访顺峰的《珠江商报》美食记者黄国育在微信中写道："前几天，碰到张鉴根，他说退休在家。其实这样的顶级大厨退休后还是可以发挥很大作用的。"不过，每个人都有选择自己生活方式的自由。

第七节　敦煌海鲜酒家创始人张锦根

坐落于容桂桂洲大道中20号的敦煌海鲜酒家是一家餐饮老字号。《品味容桂》美食画册这样介绍敦煌海鲜酒家："呱呱坠地后的一个月，在这里接受众人的祝福。20年后，在同一个地方，自己与爱人组建一个新的家庭。这个地方见证了不少街坊人生两段幸福的时刻。这个地方，叫敦煌海鲜酒家。"[①]

敦煌海鲜酒家是黄连名厨张锦根及其子张贵贤共同创办的。创办的初心是为了圆张锦根在餐饮业工作几十年后一直追求的梦——拥有一家属于自己的酒楼，能给街坊和来客提供鲜美的佳肴。打那以后，张锦根负责酒家的出品和管理，张贵贤负责采购优质而新鲜的食材。酒家在这对父子兵的精心打理之下得以顺利发展。而20多年来始终不变的是这里的味道。南乳吊烧鸽、片皮鸭、杏片香酥角拼春花肉是张锦根的拿手菜，敦煌海鲜酒家的招牌菜春花肉更是张家的传家菜。

生于1937年的张锦根出身于黄连的第一饮食世家。他的父亲张敬衡做得一手弹牙的竹升面，早年在黄连路边摆街卖面，赢得口碑后创办了"金钟记"。张锦根的母亲伍结，也是厨艺高手。她所炸的春花肉只是选用普通的食材韭菜粒、马蹄粒、鲜爽鱼肉等，卷以猪网油油炸而成，却能做出让人回味无穷的味道。此外，她的拿手菜还有香芋扣肉、四杯鸡、霸王鸭等。张锦根的叔叔是勒流一代名厨张远。张锦根的亲兄弟张胜根和张四根都是厨林中人：前者是新加坡皇家山海鲜酒家的老板兼大厨；后者则是顺德供销社招待所总厨。张锦根的几位堂兄妹也是厨师。

在饮食世家浓厚食风的熏陶下，张锦根成长为一位厨艺高手，在勒流最高食府——鼎力从厨。1960年，他从顺德商业局红专学校厨点班毕业后，被分

[①] 佛山市顺德区容桂街道经济和科技促进局、佛山市顺德区容桂餐饮行业协会、珠江商报社编《品味容桂》，广东经济出版社，2017年。

配到顺德容桂乐园酒家掌勺，一干就是几十年。乐园酒家创办于1943年，由名厨梁绛所创。这位老板"花酹馆"出身，厨艺了得。乐园酒家名厨荟萃，实力雄厚，有曾在驻联合国总部中国代表团掌勺的点心师胡洪（也长于炒菜），曾在第三届全国烹饪大赛中以虾蟹双辉、茄汁桂鱼卷荣获热菜银牌的周梦来，以广东鲜虾饺、酥皮莲蓉包、樱桃鸡蛋挞在第二届全国烹饪大赛上荣获面点两金一银的特一级点心师周礼添，以及一级点心师梁惠珍、后起之秀马国成，等等，可谓"一时多少豪杰"！张锦根与他们并肩掌厨，日夕切磋，交流经验，厨艺更臻精湛，成为多面手。据周礼添所述，张锦根长于烧腊，厨点俱精，被同行称为"穿三条围裙"的全才。后期乐园酒家所有菜式出品，都经张锦根把关。他的拿手菜有七彩酿猪肚、三色凤眼润等，而牛脷酥、面包等点心也做得很好。

张锦根还热情地向年轻厨师传授烹饪技艺。他带出的高徒有马国成、叶志光、何伟文、梁国生、周庆昌、黄顺玲、麦顺明、李杏婵、黄强初、陈国禧、陈桂芳、杨敦殿、董碧根、罗国明、吴维坤等，可谓桃李满园。"中国烹饪大师"叶志光深情地回忆他当年只身闯深圳特区时，张锦根教他烹制陈皮鸭、野

张胜根（右）与张锦根在新加坡

鸡卷、炒牛奶、炸牛奶、八宝糯米饭的情景，感谢张锦根把顺德传统名菜制法传授给他，让他成为最早把顺德菜带到深圳的人。

张锦根还在顺德供销系统厨工培训班任教。如今仅存的一份"训练班品种安排表"显示，他主教的菜式有鸡丝鱼肚羹、双脆会游龙、四杯香液鸡、碧绿明虾球、脆皮鹌鹑蛋、莲蓉炖全鸭、茄汁大虾碌、酥化云片肉、蚝油煸鳝片、玉树富贵花。张锦根被誉为"桂洲厨界校长"。他还是顺德厨师考级评委。

在临近退休的日子里，张锦根实现了自己多年以来的梦想，与人合作创办了金冠皇家山酒家。这家仅次于顺峰山庄的高档园林式酒家开在105国道细滘路段，以他的兄长张胜根在新加坡经营的海鲜酒家为店名，寓有弟承兄业的深意。开张前，店主人特邀哥哥张四根、"顺德名厨"康海、供销社老领导特级点心师余运、点心高手萧锡强等，每人制作一款拿手美食，然后逐一评点，以便敲定应市菜式，态度十分郑重而谨慎。萧锡强至今还清楚记得，张锦根嫌用以盛蛇羹的窝盘不够高雅，打发其外甥另行选购，以美器配美食。几年后，张锦根与儿子共创更加高档的食府敦煌海鲜酒家，而以几十岁高龄"亲自埋镬"，真是"老骥伏枥，壮心不已"。

晚年，张锦根被授予"佛山市顺德区厨师协会荣誉会长"称号。这是业界对他厨艺人生的肯定和恰当评价。

第八节　承前启后的黄连名厨老耀光

《美食勒流》一书记载了一长串黄连名厨的名字，其中有一位不大为现今青少年所熟知。他就是在黄连厨艺史上承前启后的老耀光。

老耀光是黄连东头坊人，老一辈本土名厨。他身高约1.8米，留着八字胡，

华天宝药厂旧照

长得高大威猛,有一定文化素养,写得一手龙飞凤舞的好字。

关于他早年经历,我们知之不多。只知道他师从老一辈大厨孔来学习厨艺。因为曾在著名的华天宝药厂工作,所以他对中药药性比较熟悉,并把这些知识运用到烹饪实践中来,是顺德较早研制药膳的厨师之一。耆老记得,当年他在香港新光酒楼进行厨艺表演时烹制过一道药膳菜式——巴戟杜仲炖牛鞭,据说有补中壮阳的功效。

约在30年前,他在黄连镇办的翠园酒家掌勺,颇受乡亲父老欢迎。其后,他进了勒流侨社中餐部(俗称"六楼")厨房工作,成为厨房大佬。他还在珠海宾馆、佛山花园酒家、顺德容奇南环酒店主理厨政。他专做的顺德鱼生,让食客排起长队待买。他刀工纯熟,强调厨师要"手快"。他和"拍档"卢根(绰号"牛根")都是手法娴熟、干活麻利,快得像"扒五桡龙艇"而出品"企理"(规范周正)的高手。他还强调做菜要少而精,让食客刚好吃完就行,不可铺张浪费,算是提倡"光盘"行动的先行者。

老耀光厨艺精湛。他曾创作一道获奖菜——"十大宝鼎蜗牛"。在"六楼"掌勺时，他曾与师傅孔来以炒水蛇片一菜参加佛山地区厨艺比赛并获奖。后来此菜被谭永强发扬光大，成了勒流"四大名菜"之一。据徒弟们回忆，老耀光擅长烹制"子母鸡"：将小巧玲珑的白鸽蛋逐只去壳，炸至金黄，有点像虎皮色，用来给豉油鸡（代表"母"）围边。

老耀光最大的贡献是培养了一大批名厨。他带出了以蒙目切细可穿针的土豆丝闻名于世的"中国烹饪大师"林潮带，还有叶竞生、麦健伟、吴旺群（"奶奶群"）、张少容、邓桂忠等当今顺德厨坛高手。林潮带在1987—1989年跟过老耀光，感觉他做事专注，而且尊师（其师傅为孔来）重道，故徒弟们也都很尊重他。林潮带说："我们在仙泉酒店工作时，有空都去探望他。"老耀光还把外甥关永忠带入有"顺德厨师黄埔军校"之称的仙泉酒店学艺，使日后黄连增添了一位"中国烹饪大师""中华名厨"。

《顺德美食在海外》一书记载：1992年，在香港大江南北酒家举行的第一届顺德美食节上，老耀光与康海、陈德和、张永贤等被选派，在现场烹制了凤城鱼云羹、炒水蛇片、家乡酿鲮鱼、炒牛奶拼野鸡卷等15款家乡名菜，供嘉宾们品尝。正宗顺德菜首次风靡香江，香港七大报章、九大杂志都进行了报道。可见，那时的老耀光已经跻身顺德顶级名厨之列。

烹饪事业达到顶峰不久，老耀光因操劳过度，英年早逝，年仅45岁。

第九节　"顺德厨王"谭永强

2006年6月初，在中国烹饪协会、中央电视台于青岛主办的"满汉全席"全国电视烹饪大赛——厨师之乡顺德专场擂台赛上，来自黄连的谭永强师傅"过关斩将"，最终成为"顺德厨王"。

谭永强

一、乡间厨师　声名显赫

凭着一把菜刀、一块砧板、一双巧手、一颗诚心、一个理想，谭永强从小河蜿蜒的乡村走到冠盖云集的美食最高殿堂。不紧不慢中，他走了整整40年，终于走出从一名乡间厨师到"中国烹饪大师"的人生历程。

谭永强儿时家里从事烧鹅小生意。他沿袭了上一辈人的生活轨迹，长大后就到酒楼学艺，从学徒做起。迄今为止，他的事业就是在勒流开酒楼做厨师当老板。虽然没有受过正统的专业教育，但"红裤仔"（厨业学徒）出身的他，却拥有一身最地道、最纯正的顺德厨艺，又在实践中摸索出一套行之有效的酒楼管理艺术。他的非凡成就引起了国内同行的关注，也令许多大宾馆大酒店的"学院派"烹调技师刮目相看，引来了港澳台地区的媒体和中央电视台的专题采访，以及韩国电视台、美国《星岛晚报》的大幅报道，让他经营的勒流东海海鲜酒家渐渐从顺德走向全国，从华夏走向国际。下面仅录数项，是他及其酒家所取得的主要成绩：

1998年，在首届顺德美食大赛上，他烹制的菜远炒水蛇片名列顺德十大金牌名菜之首。

1999年，在第四届全国烹饪大赛上，他作为重要成员之一组成顺德联队，荣获团体金奖。而他的东海海鲜酒家则独立参赛，夺得大众筵席最高奖项——优胜奖。

2001年，谭永强被授予"中国烹饪名师"称号；同时，他的东海海鲜酒家被中国烹饪协会评为"中华餐饮名店"。

2002年，谭永强被评为"顺德十大名厨"之一。

2005年，谭永强在第十五届中国厨师节上获"全国优秀厨师"称号。

2011年，谭永强被评为顺德餐饮业十大风云人物之一。

2019—2021年，谭永强的东海海鲜酒家被评为"黑珍珠餐厅"。

二、转益多师　博采众长

国画大师齐白石有句名言："转益多师是我师。"这句话用在谭永强身上，同样十分贴切。

他曾拜过10多位师傅。他的第一位启蒙老师是他的父亲"烧鹅英"。十五六岁时，因为家境贫寒，他一边读书，一边帮父亲制作烧鹅。传授技艺前，父亲对他说："你对鹅的品种、饲养环境、生长期、饲养习惯都要充分了解。采购回来留到第二天杀的鹅，要提供好的环境、水和吃的东西。经过惊吓的鹅，皮毛收紧，第二天脱毛就不顺利。"这些今天厨师已很少考虑的环节，正是父亲教给谭永强的第一课。在父亲的教导下，谭永强从小就学会识鹅和挑鹅。

1972年，18岁的谭永强步入饮食行业，在勒流供销系统的酒楼里工作学艺，带他的厨师是张远，还有陈、孔两位师傅。他从杂工做起，洗碗、扫地、杀鸡、配料，什么都做，一直干了6年，还未获准烧一道供客人食用的菜，可见当时的严格。就这样，他扎扎实实地练好了厨房的各项基本功。成名后的谭永强认为："一个学徒太早上台烧菜不是好事，所有的知识只有在头脑里消化后，才能流畅地上台做菜，这也是上一辈学徒和现在的学徒的不同之处，不急功近利，学徒的基本功才能扎实。"凭着过硬的基本功，他在那次厨王擂台赛上技压群雄，勇夺擂主称号，其参赛菜式"鲍鱼焗鸡"成为时下客人所喜爱的美味佳肴。

谭永强虚心地向烹饪能手学习，至今还津津有味地回忆起向陈村名厨吴铁星学做咕噜肉绝活的往事："吴师傅教了我烹制陈村咕噜肉。它有咕噜肉的酸甜味和豉油味。制法是五花肉先拖水，再略煮，然后放入卤水盆浸，因为肉凉不易入味，这样经过预热的肉比生猪肉好味，体现了分步入味的技艺。炸至一定油温后取起，然后复油，做到湿而未潮。"

年轻的谭永强学艺的热情的确异乎寻常。当他凭着实力成为厨房的业务骨干后，有幸被选派到广州的名店如广州泮溪酒家、广州酒家、南方大厦餐厅等，跟大厨学艺，每店学习10天，亲身与大师傅一起工作。他当时有幸在南方大厦向一位曾为周总理烹菜的大师学习。为了尝尝当年总理吃过的菜，谭永强拿出了他3个月的工资共150元，给酒楼做"成本费"。

得到广州名师指点教导，谭永强厨艺大进。事业有成后，他不是故步自封，反而求学更勤，还抽空到香港等地的名酒楼和私房菜馆向老行尊取经。有一位顺德籍私房菜大师李成（绰号"崩牙成"）做得一手精美粤菜，每晚只做一桌饭菜，每位客人交费1500港元。谭永强对这位"成伯"的手艺十分敬仰，说前辈是真正技艺过硬的大师，自己能学到他的一两成功力，就足以做师傅了。

三、人品第一　钻研第二

许多人问谭永强，做一个好的厨师需要具备什么条件。他回答说："人品第一，有钻研精神，然后才轮到资质。"

谭永强认为对他影响最大的人是他的父亲。其父亲制烧鹅一直坚持"不靓不卖"的原则，宁可不做生意，决不让次品坏了烧鹅的口碑。当时烧鹅经常供不应求。他回忆说："父亲的生活态度简单而认真，这深深影响了我。"在这种理念下，谭永强一直坚持着"有人赞，好过自已赚钱"的原则。他对于菜品的出品质量，可以说到了近于苛刻的程度。他对厨师们说："每道菜端出去之前，首先要过得自己这一关。如果连自己这关都过不了，那么就倒掉，重新再来。"视品质为生命的执着，为谭永强在饮食界树立了良好的口碑。"做菜是要讲品的，好人品才有好菜品、好出品。"谭永强提炼出这个金句。

为了能烹制出令食客满意的菜肴，谭永强全情投入，刻苦钻研。黄连一位老人讲，谭永强当年参加青年工培训班，晚上人家都"见周公"去了，他还把一块红萝卜拿进蚊帐里独自琢磨，怎样把它雕刻成一朵美丽的花。他一有闲暇便一头钻进书里，"品尝"别人的"章法"和"套路"，然后再融进自己的煎炸炖焖之中，慢慢地，心得渐多。几十年来，他一直坚持研究如何将最地道的顺德乡村美食用最地道但又不失现代的手法回归到食客桌上，研究如何用充满水乡味、田园味、家常味、自然味的寻常物料入馔，做出淡雅清新的家常小菜，并把它们做到极致。他努力做到让食客能尝到活鱼肉香、青菜纯香，甚至闻到鱼塘田基上清风徐来、夹杂着青草与泥土的清香，展现顺德菜清、鲜、嫩、滑、真的风味特色。在千锤百炼中，于是有了让人百吃不厌的招牌菜：菜远炒水蛇片、煎焗西江鲥、菊花水蛇羹、东海烧鹅。他的拿手菜菜远炒水蛇片被美食家称为代表顺德小炒的最高水平。他的煎焗西江鲥表面甘香酥脆，内里嫩滑多汁，鱼块不论凹面还是凸面，受热和着色都均匀无差。而东海烧鹅则皮脆肉滑、味香汁清。黎子流赞它"特别正宗，美味非比寻常"。谭永强说过，一个厨师最高兴的莫过于按照自己的思路创出两三道菜来，而别人都按照自己的标准去烹制。时下顺德等地的很多酒楼食肆都以他的菜远炒水蛇片、煎焗西江鲥、菊花水蛇羹为榜样，去学习，去烹制。勒流还编制出这几道菜的联盟标准，而谭永强的东海海鲜酒家则是标准的制定者之一。

四、不下火线　经营有道

1986年,餐饮行业发生巨变。已在酒楼从厨14年的谭永强选择了自主创业，从沿袭父业做烧鹅，到经营海鲜舫，并发展成东海海鲜酒家，实现了从厨师到餐饮经营者角色的华丽转身。然而，他并没有离开烹饪的"火线"，每到筹办盛宴的当口，厨房里仍然活跃着他指挥作战的忙碌身影，因而一身娴熟的厨艺更臻炉火纯青。而在经营管理方面，他更增添了运筹帷幄的沉稳和老到。不盲目跟风扩张，坚守他唯一的阵地，稳住厨师队伍，重用心细敬业的女厨，选用对顺德菜有遗传基因的本土厨师都是东海海鲜酒家长盛不衰的"法门"。

近年，谭永强的事业"百尺竿头，更进一步"。2009年，他与林潮带等名厨一道，受政府有关部门委派，赴德国、荷兰、葡萄牙三国，与当地厨师、烹饪爱好者交流厨艺，示范了大良炒牛奶、顺德炸鸡等菜点的制作技艺，把精湛的厨艺传至海外。2021年底，谭永强的创新菜"拥抱大湾区"被尊为"顺德十大代表菜"之一。

谭永强，仍然是那个叱咤厨界风云的厨王。

第十节　传承传统厨艺的特级厨师张永贤

提起特级厨师张永贤，黄连无人不识。他给人印象最深的有三点：①出身显赫的厨师世家；②经营香江酒家，声名远播；③坚守传统粤菜技艺，厨艺精湛。

张永贤，绰号"肥公永"，被尊称为"永师傅"，说起话来声震屋宇，而不失幽默风趣。永师傅出身于"厨师之乡"——黄连的一个厨师世家。他的祖父是张敬衡，祖母是伍结；二叔公是勒流一代名厨张远；几位叔叔都是名厨，其中张锦根是容桂敦煌酒家的老板兼总厨，张鉴根曾是顺峰北京总店的行政总厨；父亲张四根是当年顺德供销社招待所的大厨，曾任顺德厨师的考评员；姑姑、舅父、兄弟也是厨师。他家出了20多位厨师。

1974年，年仅14岁的张永贤步入饮食业。那年7月，刚读完初中，他就到勒流镇的鼎力探望二叔公张远（鼎力的总厨）。张远把张永贤留了下来。从此，张永贤向张远学厨，包吃包住但没有工钱，即"有食无工"，开始时还要和别人孖铺。张永贤每天帮着磨刀、刮砧板、洗案台、冲洗地面、宰鸡鸭等。学了两三年，懂得如何调味了，师傅才让他煮"福食"即酒家职工吃的饭菜。他很用心，每次煮完都观察桌面情况，留心哪碟菜吃完了，哪碟菜还剩下很多，剩得多的肯定有点问题，于是回去思考存在什么问题，下次改进。当年学厨，师傅不会手把手地教，全靠学徒自己从旁观察领悟，多问多想多揣摩。雕花工具也是自己设计的，从商店买回来锯片，再把锯片改成雕花刀具，下班后自己在家研究如何雕一朵花，如何雕出一只蝴蝶等，还买书自学，往往要学到深夜。正是师傅带进门，技艺靠专修。

厨师职称由三级师到二级师，再到一级师，最后到特级师，逐级考，逐级升。1987年，张永贤考取了省特级厨师，当年顺德供销系统就只有3个厨师获得这一级职称。张永贤回忆当年考特级厨师的情形时说：

> 当时要考现场制作和写论文两方面。现场制作要考足7天。我们和广州白天鹅宾馆的师傅同场考试，主考官是"粤菜状元"龚腾和"广东烹界大方家"黎和。到了现场才知道考官让我们做什么菜式，从整理食材到煮再上碟，只给一小时的时间。每天做一道菜，一共考7道菜，过关了才及格。我还记得当时考的菜式有炸直虾、珊瑚煎鸽脯、炒胗花、拼盘等。此外还要写论文答辩。

张永贤在鼎力从厨至1989年6月4日，之后转到金泉海鲜舫①掌勺，做了一年多后转到市场卖粥，又干了一年多。1993年，他在勒流开营香江酒家，然后到大良经营香江酒家，达到事业的最高峰，以佛跳墙为招牌菜，一炮打红，日售100多盅；其后到深圳续办香江酒家。2003年，他落叶归根，回到家乡勒流，在育贤路百丈大桥侧开了贤名山庄，之后在大晚再开香江酒家。他的"威水史"②包括被"钦点"为何厚铧的假日私厨；接待过多位中央、省级官员和国家乒乓健儿江嘉良、王涛、邓亚萍等。他的贤名山庄曾是勒流五大食府之一。

---

① 海鲜舫：20世纪八九十年代在顺德兴起的水上食肆。这些食肆以泊在水面靠岸处的船为载体，一般船高两层，设有房间约10个，可以摆酒约20桌。后来出于环保考虑，政府取消了海鲜舫这种餐饮经营方式。

② 在粤语中，"威水"的意思是"风光"，"威水史"形容一个人曾经的风光。

张永贤厨艺精湛，刀工纯熟。他对传统粤菜（特别是正宗顺德菜）烂熟于心。诸如霸王鸭、霸王乳鸽、八珍扣鸭、八宝肉、五柳鱼、大地田鸡、鸡蓉鱼肚等，他津津乐道，如数家珍，寥寥一语便能直入堂奥。他说："炒菜讲手快，焖菜讲耐心，即不能急于求成，要区分食材的老嫩软韧配上不同加热时间和火候。做酿鲮鱼从煎到焖熟要一气呵成。如煎后搁置一段时间才焖，鱼肉就会欠新鲜。"他这样教导他的徒弟："你这样搓（揉）鱼蓉是永远不能做出弹牙的鱼球的。鱼蓉下盐，挞它100下，放味放油后再挞50下，保证你的鱼球能蹦起来！"他这样说是有道理的，是有科学根据的。因为鱼蓉是高分子蛋白质胶体，它的黏度随着摔挞的力度改变而改变，用力大，黏度就大；挞至上劲后，还得加少量水再用力摔挞；多挞，混进去的空气增多，鱼胶会更膨胀泡松，更雪白光亮而富于弹性。张永贤归纳为一句话："鱼球是挞出来的。"张永贤入行后长期充当砧板师傅的角色，经常琢磨给菜肴变换花样，喜欢一物多制，如鲟鱼七味。他的拿手菜有煎焗元贝、瓦罉姜葱焗鲍鱼、蝴蝶骨、佛跳墙、桂花炒白饭鱼、榄仁①炒水蛇丁，等等。

第十一节　世界华人粤菜烹饪联合会会长关志辉

2021年2月8—18日，由江苏省归国华侨联合会（简称"侨联"）、江苏省餐饮行业协会举办的全球华侨华人"春节晒年饭"网络厨艺大赛举世瞩目。挪威广东同乡会会长关志辉先生参赛，凭借"高汤金凤庆余年""金牛献瑞贺新春"等4道年夜饭菜品，获得微信投票近20万，一举拿下了欧洲区一等奖、

---

① 榄仁，乌榄的种子，形如蚕蛹，略扁，其肉白色，外有红衣裹着。油润酥脆，脂肪丰富，价格昂贵。广州市西餐协会彭树挺先生认为榄仁是"顺德菜的灵魂"。油炸后要把榄仁摊开，以免变焦黑。

最高人气奖及最佳作品奖。挪威广东同乡会获得了本次活动的优秀组织奖。除关志辉外，另外8人也取得了不俗的成绩：3人获得二等奖，5人获得三等奖。关志辉表示，民以食为天，同胞情谊在色香味俱全的家乡味中得到了升华。

关志辉取得如此优异的战绩绝非偶然。

他的祖辈扎根于"厨师之乡"黄连社区的一个厨师世家，关氏家族算起来有20多人以烹调为业。他的伯父、父亲在广州大酒楼里执掌厨政。父亲关兆曾是广州著名百年老店——陶陶居酒家总厨，母亲在陶陶居分店牛肉馆任厨师。从目前所见的资料看来，关兆不仅厨艺了得，而且富有文化情结。在"文化大革命"期间，陶陶居招牌被换成"东风楼"，古雅陈设被当成"四旧"毁掉。①关兆目睹这些珍贵文物惨遭浩劫心痛不已，冒着被扣黑帽子的危险，拿家里木柴换取店里的龙凤雕刻，让它逃过一劫。关志辉从小受到父亲的影响，热爱饮食文化。

1976年中学毕业后，他就来到广州东方宾馆，当起了一名服务生。勤于学习的他很快就掌握了不少烹饪技巧，随后被调到著名的广州泮溪酒家工作。泮溪酒家是全国最大的园林式酒家，厨师团队实力非常雄厚，拥有"粤菜状元"龚腾、"点心状元"罗坤、烧猪高手杨海、"中华十大名厨"之一林壤明等人（杨、林二人为顺德籍厨师）。关志辉先在广州泮溪酒家从厨，后到深圳泮溪酒家任大厨，自然实力不凡。

20世纪80年代末，在一次偶然的机缘下，关志辉被介绍前往挪威一家中餐厅当主厨。当时"食在广州，厨出凤城"这句俗谚已经为挪威中餐圈子所熟知。关志辉作为技术移民，带着一身好厨艺顺利来到挪威，一干就是30多个春秋。

从在当地中餐馆当厨师，到自己创立粤菜餐厅，关志辉不仅让中华美食文化为更多的北欧人知晓，还创新融合了当地饮食文化。多年前，最早一批移民到挪威的多为船员，对菜品并没有如中国国内中餐"色香味俱全"这么高的要求，反而偏重于"汁水"，方便捞饭，而这种方式也更容易受挪威当地人欢迎。

---

① 龚伯洪：《百年老店·广州老食肆与老食语》，广东科技出版社，2013年。

而上汤正是广府菜乃至整个粤菜调味、赋味、增味的重要材料。擅长运用广州上汤的关志辉在挪威饮食界如鱼得水。他潜心研究，对传统粤菜进行改良，使得中餐越来越受当地人欢迎，挪威中餐厅的数量也越来越多。

而在挪威生活期间，关志辉不仅专注于弘扬中华饮食文化，还积极团结当地华人，讲好中国故事。2013年，关志辉牵头成立了挪威广东同乡会，凝聚乡亲力量，推动挪威与祖国的交流。2019年1月，关志辉先生出席广东省政协会议，听到省委书记和省长提出的推广"粤菜师傅"工程，大受鼓舞。2020年3月，关志辉带领10余国的侨领来到中国，交流餐饮文化。他在省、市两会上提出了他精心构想的关于在海外推广"粤菜师傅"工程的建议，得到相关领导的积极肯定和大力支持。他在挪威注册了一个世界华人粤菜烹饪联合会，至2021年6月已有差不多30位在不同国家曾经和现在从事餐饮业的华人加入，关志辉被推举为会长。他还计划让此会落地顺德，借助顺德职业技术学院"中

世界华人粤菜烹饪联合会会长关志辉

餐繁荣基地"和顺德厨师学院的优势,展开深入合作,更大范围地推动粤菜发展。2022年春节期间,关志辉组织了一次旅挪中华名厨云端直播"行走的年夜饭"活动,联合粤菜、苏菜、川菜、浙菜几大菜系厨师进行厨艺表演——"教你轻松搞定美味年夜饭"。而他亲自出马,带领另外3位粤菜厨师于1月29日18时30分在"云厨房"中演绎如何烹饪原汁原味的美味佳肴。

近年来,关志辉屡次组织乡亲回到家乡顺德寻根问祖,增进挪威与顺德在文化、经济方面的进一步交流。他还组织成立了挪威华人音乐歌舞团,努力传播和弘扬中华文化。积极参与奥斯陆市政厅举办的各种多元文化活动、联合国成立周年庆典等,增强了旅挪华人的凝聚力,促成了中华文化在当地的弘扬传播。2019年,关志辉受邀出席庆祝中华人民共和国成立70周年大会,倍感振奋与荣幸。他接受记者采访时激动地说:"在海外生活30年,最深切的感受就是祖国的富强是海外华人最大的骄傲。"

第十二节　两大酒楼的顶梁柱吴换标

2020年,是吴换标入行的第三十一年,也是他作为厨师收获颇丰的一年:通过层层选拔,荣膺"顺德名厨"称号;烹制的火焰鲜蚝啫白鳝入选"凤厨珍味·顺德名菜"30道名菜。业内评选、展示厨艺、外出交流活动,吴换标都会积极参与。他希望不仅能够做好顺德菜,还能讲好顺德菜,弘扬顺德饮食文化。

吴换标出生于有"厨师之乡""广东粤菜师傅名村"之称的黄连。他17岁进入黄连天元酒家,正式入行。两年后,在前辈的引荐下,吴换标到香港珍宝海鲜舫当起了学徒。位于香港仔海湾水面的珍宝海鲜舫由富豪郑裕彤(顺德籍)与何鸿燊合办。该海鲜舫最大的特色是大部分菜式用海鲜飨客,且即宰即烹，充分展示海鲜本身爽、脆、嫩、滑、弹的美妙质感，使中外食客对香港式粤菜刮目相看，让生猛海鲜的做法打出威名，令香港式粤菜蜚声国际。在粤菜大师云集的珍宝海鲜舫，他从洗菜、切菜、侍应做起，练就扎实的基本功。由于为人勤奋，踏实肯干，珍宝海鲜舫的厨房大佬跳槽到深圳星级酒店时也把吴换标带上了。后来，他辗转供职于多家大酒楼，既提升了厨艺，也拓宽了视野。

直到1997年，吴换标出于对顺德菜的热爱，决心回归家乡，在外拼搏多年后毫不犹豫地把钻研顺德菜作为自己唯一的奋斗目标。

尽管雄心勃勃，现实却有点骨感。顺德菜是广东田园美食的代表，充满了浓浓的水乡味、田园味、自然味、家常味。这与香港国际大都会的高档新派粤菜大相径庭，风味迥异，使吴换标感到既熟悉又陌生。他说："虽然我是顺德人，但是在外做了这么多年的香港式粤菜，回来后却不懂怎么做一道正宗的顺德菜。"

回顺德进入聚福山庄后，吴换标把自己当成一名新手，慢慢学习和钻研顺德菜的做法。吴换标肯学习、肯提问、肯钻研，经常向老一辈请教，平时不断研究尝试，"希望自己能够做出正宗的、最好的顺德菜"。

功夫不负有心人。历经多年磨砺和锻炼，吴换标在顺德菜的烹饪上越来越得心应手，也愈发善于在食材搭配、口味融合等方面有所创新，积累了一道又一道拿手菜。不仅如此，他在厨房管理方面也积累了十分丰富的行政经验。

2003年元旦，勒流君王酒店开张营业。吴换标应聘担任行政总厨，直面新的挑战。酒店老板给餐饮部制定了"一流的出品、一流的服务"和"新、奇、特、好"的方针。这就使得吴换标团队不敢松懈而全力以赴。在他的主持下，专门成立了出品研究组，要求因应顾客的口味每周推出菜式4个品种和点心2个品种。正是在这种近乎苛刻的要求下，吴换标率领大厨们积极求新求变，从寻常的"大（鳙）鱼宴（一鱼十味）"开始一炮打红，创下了日均1500多人赴宴的纪录。旋即，他们推出的"鳄鱼宴"同样让顾客趋之若鹜。稍后，备受食货推崇的蔬菜羹、荷香蒸双丸、桑基鱼塘蚕茧翅、中药秘制蜈蚣汤等100多款菜式陆续被推出。对于鲍、参、翅、燕极品宴席的食材，吴换标必定亲自到香港采购以保证质量。在他的亲自监督和精心炮制下，君王酒店有一段时间月均售出鲍鱼近千只。

每当接到100多桌的大型酒席之日，就是吴换标最紧张、繁忙之时。他既像个艺术家动手烹制大菜，又像位指挥家调动洗菜、切菜、配料、点心、烧腊、楼面各个环节协调配合，直至"大合唱"圆满结束，才会露出心满意足的微笑。

在2006年广州美食烹饪大赛中，吴换标带领君王酒店团队，以一款金巢元贝松荣获团体特金奖。他以佛地藏明珠一菜荣获个人金奖。在粤港澳烹饪大赛·中国饭店高峰论坛上，吴换标的名字被列入《中国名厨（广东卷）》。

2012年，君王酒店的兄弟店——大良顺德人家酒店开张，一直受到老板器重的吴换标被派到新店任餐饮部行政总厨。在问及勒流和大良两店的经营区别时，吴换标说，"顺德人家"散餐的人流比勒流大，客人的消费水平也较高，因而对菜式的价格控制、色香味形的要求相对较高。在顺德人家，一桌菜肴价格在五六万元的酒席并非罕见；10万元一席的顶级宴吴换标团队也照接单不误。其中的大菜包含了顶级吉品皇冠鲍、天九翅、血燕等极品。而1万多元一席、动辄上百围（桌）的规模，吴换标团队常亦能应付裕如。作为较经典的个案，他们曾接下了扶闾村^①一位老板168围的大单，单价1万多元。面对挑战，吴换标团队提前15天安排备料，对员工培训后进入实操，终于圆满地演完了这场"大秀"。

在农历二月、四月、八月、十月、十一月传统的婚庆宴席集中期之外，吴换标团队持续推出了"顺德人家美食鳗鱼宴""暑假学业有成围餐""回馈多年老顾客围餐""重阳节日自助餐"等"大秀"。这些"大秀"都不同程度含有优惠，较受顾客追捧，因而每场规模都是近百席或超百席。面对竞争和挑战，吴换标坦然宣告：只有在技术创新、成本控制、服务规范、企业文化多方面狠下功夫，才能使团队立于不败之地。

---

① 位于顺德区勒流街道北面，地处北江及西江支流的交汇点，面积约4.5平方米。

第十三节　餐饮"怪才"冯伟雄

2021年11月，佛山市禅城区的"冯伟雄'粤菜师傅'大师工作室"通过了市人力资源和社会保障局评审，成为佛山市市级"粤菜师傅"大师工作室。

冯伟雄，绰号"地主雄"，黄连人。他1980年进入餐饮业，开始了厨艺人生。他热爱烹饪事业，曾直言："做厨师是有挑战性的工作，工资又高，而且不用花钱可以吃饱肚子，心情好的时候做饭给心爱的人吃。"正是凭着对厨师职业的这份热爱，他挥勺炒菜，一炒就是40多年。1983年，冯伟雄跟香港师傅学做新派粤菜，并且见识了新式餐饮

烹饪"怪才"冯伟雄

的管理方法，眼界大开，厨艺提升飞快。3年后，当他回到佛山时，已经是一名可以独当一面的大厨了，其后还跃升著名的顺峰佛山店总厨。一路晋升，可谓"春风得意马蹄疾"。

冯伟雄极具个性特点，拒绝平凡和常庸，自称"不按常理出牌，专走另类路线"。1993年，冯伟雄辞去了令人羡慕的顺峰佛山店总厨一职，另立门户，开创属于自己的餐饮品牌。离开时，他对顺峰的经理说："我将在你对面开店，但不与你对立竞争，有你顺峰在一天，我就一天不做海鲜！"他说到做到。经过半年苦苦思量和求索，他终于在澜石大桥侧旁开创西南饭店。

他在西南饭店走特色经营之路，主营田基美食，创制昆虫宴。据《佛山饮食文化》一书记载，该店"蟋蟀有生菜味，黄蜂卵有杏仁味，蚂蚁有核桃味，

蚕蛹有肥肉香味，蝈蝈儿有瘦肉鲜味"，西南饭店的出品还有昆虫大拼盘、五彩炒蚯蚓、盐水浸龙虱、家乡焗禾虫、桂花炒蚂蚁、椒盐蝴蝶虫、桑基蚕蛹、和味桂花蝉等，共有20多个品种。①

这些田基美食，虽然貌似刁钻古怪，有人"书生胆怯"不敢问津，但其实都经过了历代试食已被认定其可食性，由《中国烹饪原料大典》加以记载。冯伟雄拿出敢于"第一个吃螃蟹的人"的勇气，经多方探索和研究，找出合适的烹调方法，去除这些"异物"的膻腥腺涩味，把它们本真佳味发挥出来，烹制成独具风味的佳肴美食。冯伟雄这样做，其实是对岭南先民越人"杂食"之风的继承和发扬，也是为人类开拓饮食资源而上下求索。刚推出田基美食时，许多人闻虫色变，敬而远之，但冯伟雄坚信"办法总比困难多"。经过他耐心解释宣传和示范导食，田基美食慢慢被食客接受，饭店生意逐渐好起来。据2006年12月26日《美食导报》报道，西南饭店"每天最少都能卖出5斤以上的昆虫"。一些美食大咖如香港水禾田、大嘴米高等闻风赶来寻味，媒体也接踵而来报道推介。冯伟雄成了路人皆知的"佛山昆虫大王"。

当然，西南饭店并非"独沽一味"。冯佛雄是个烹饪奇才和菜式创新高手。《佛山饮食文化》还记载，冯伟雄"将顺德百年老菜新做，创制了许多创新菜，如鲜奶鱼腐，先将鲮鱼掀皮取肉，鱼身用油稍炸脆，鱼样还在，再将鱼肉打烂成为鱼蓉，加入鲜奶煮至成球，鱼腐通体雪白，香滑弹牙，满口奶香；又如海南黄花梨蒸鸡，将黄花梨和鸡配搭起来，保留了鸡原来的营养价值，还加入了黄花梨的功效（有降血压、降血脂及舒筋活血的作用）"。② 此外，冯伟雄还创制了鱼羊鲜浸胜瓜、凤城龙凤胎、紫玉金沙汤等别具风味的奇肴。冯伟雄富于悟性和天赋，创新灵感来自饮酒，即兴为主。现时顺德食坛很"火"的招牌菜头抽豉油鸡其实源于他喝酒之后创出的头抽碌鸡。该菜创于2006年，用瓦锅焖煮，利用瓦锅保温性能好的优点，让鸡味在焖煮过程中得以保持。他的拿

---

① 李克和：《佛山饮食文化》，世界图书出版广东有限公司，2012年，第129页。
② 李克和：《佛山饮食文化》，世界图书出版广东有限公司，2012年，第129页。

手菜鲍鱼捞鸡大受食客欢迎,最"火"时一天能卖出70多只。他在经营方式上也有创新。别的店有"例汤"之制,他却别出心裁地做"例粥",晚餐时一壳鲩鱼粥或鲫鱼粥仅卖3元,价廉粥靓,供不应求。

2006年是冯伟雄烹饪生涯中的高光时刻。在第十六届中国厨师节期间举行的全国烹饪大赛上,他以"蟹行天下""霸王别姬"两道菜荣获特金奖,是广东省第二个获此殊荣的厨师。这位特立独行的厨艺大师又一次不同常人。他不愿拿获奖菜装潢门面做店里的招牌菜,说是生怕自己的金牌菜被别的厨师做砸了,失去了原味,让食客质疑所得的金牌是用钱买来的。冯伟雄收徒也独具慧眼,就是要有"眼缘",只收"听从指挥"的。这位拿手烹制"蟹行天下"的师傅,最经典的收徒传奇是收了一个叫"蟹仔"的高徒。这位"蟹仔"一年间能卖出25万只蟹!

2009年,冯伟雄再一次挑战命运。他作出一个影响、改变人生的决定:移居加拿大。在异国他乡,他建了一个特殊的"马旅馆",替出外的马主临时提供爱马吃住等服务。业余时间则隔三差五在家里以吃会友(包括当地土著),大家切磋厨艺,其乐融融。冯伟雄还义务为两家中餐馆充当技术顾问,旨在弘扬顺德饮食文化。一次,一位店主出海钓得一条90多斤重的大龙趸(中巨石斑鱼),问冯伟雄如何烹制。冯伟雄现场大笔一挥,写下了43道菜谱,还指导该店厨师烹制成43道顺德风味菜,全部售出,为老板赚取了7000多元加币。老板感激不已,要送冯伟雄一份大礼。冯伟雄婉言谢绝。此事见载于《顺德美食在海外》一书。

冯伟雄是"中国烹饪大师",全国劳动模范,法国蓝带美食协会会员,曾任世界中餐名厨交流协会副会长(会长为国宝级烹饪大师李耀云)。他创立的佛山西南饭店被中国饭店协会授予"中国餐饮名店"称号,今已由其妻女经营,转型为海鲜酒家。

第十四节　扎根乡土的烧腊工匠"大头华"

2022年1月13日，在有"广东粤菜师傅名村"之称的黄连，佛山市"刘绍华'粤菜师傅'大师工作室"在"大头华"烧鹅店隆重揭幕，正式开始运作。身为高级烧腊师、高级烹调技师、"顺德名厨"的"大头华"是该工作室的灵魂人物、技艺中坚。

一、成名于乡野的烧腊高手

"刚入夜，在黄连社区不算宽敞的街道上，闪烁的店铺灯光中间，'大头华'烧鹅店毫不起眼。烧鹅店一天的生意已近尾声，系着围裙的'大头华'，正在斩最后两只已经有主的烧鹅。"这是《三联生活周刊》记者从北京来采访"大头华"时得到的第一印象。

"大头华"真名刘绍华，在黄连做烧鹅已经43年（1979—2022）了。他是黄连烧鹅鼻祖"烧鹅英"的高足。"大头华"原先以骑自行车载客为业，对"烧鹅英"的烧鹅技艺早就仰慕在心。那时，黄连当地尚无大型养鹅场，要做烧鹅，必须骑车到勒流甚至番禺农家收鹅。一开始，"大头华"载着"烧鹅英"收鹅，跑一来回能挣5毛钱。几个月下来，他提出想跟"烧鹅英"学做烧鹅。为了考验他，师傅让他回家先把院中堆着的几十包水泥搬完，又让他去收拾鹅粪；当他要用铲子清理时，师傅让他直接用手。"他看你怕不怕脏，怕不怕臭，烧鹅很辛苦的"，"大头华"这样理解师傅的用心。

从那时起，"大头华"跟着师傅整整学了4年（1979—1983）。1983年，等师傅生病不做烧鹅后，"大头华"才在黄连开了自己的档口（店面）。从最初的流动摊贩到如今的固定档口，"大头华"从师傅所教的20多个徒弟中脱颖而出，成为黄连烧鹅的代表。

"大头华"至今仍恪守师傅传授的每道工序。他用料讲究，长期选用开平马冈鹅（因清远黑鬃鹅现已稀缺）——此鹅养法天然，非人工催肥，鹅体骨脆肉滑。他烧腊用的是半人多高的大瓦缸，缸内温度高散热慢，能挥发出人体所需的多种元素和天然的气息。"大头华"对色素（花红粉）深恶痛绝，坚决摒弃，甘愿多花成本也得选用名牌曲酒、酱油、日晒盐和麦芽糖。

"大头华"烧鹅皮薄而脆，色调如红玛瑙，呈现宝石般的光泽，鲜红悦目。他炉制的鹅比其他同体积的烧鹅约轻半市斤。"大头华"烧鹅咬下去香味四溢，肉汁渗出，尤其是刚烧好稍凉时更是皮脆肉滑，骨味鲜美。由于烧得够火候，骨髓得以充分凝聚，因而越嗍越有味，在烧鹅块上浇点酸梅酱，食味鲜中夹带酸甜，更是另一重高境界。《三联生活周刊》记者品尝"大头华"烧鹅后评论道："口感比烤鸭明显更为丰腴香甜，酥脆的表皮与肥厚的鹅肉形成一种奇妙的反差。特别是在凤城食都，第一时间吃到刚出炉的烧鹅时，才真正有了惊艳的感觉——一种带有火香味的酥脆与香甜，让人忘却城市的喧嚣，想到田野和户外。"就是凭着这种优异的品质，黄连"大头华"烧鹅获得2009年第二十二届广州国际美食节"名牌美食"的称号，2010年获得广东岭南特色食品奖。2016年参与中央电视台大型美食纪录片《寻味顺德》拍摄后，"大头华"烧鹅声名远播，被"大众点评美食"评为"黑珍珠一钻餐厅"，在2017年"全球街头美食50强"里排名第六。

"大头华"烧鹅，一只产于乡野的烧鹅，已经蜚声世界食坛。

"大头华"出品的蜜汁花叉获2008年顺德金牌烧腊大赛"优胜烧腊名品"称号。他的叉烧留有"火鸡"，标志着火候恰当（详见本书第三章第二节）。原肉条是铲去了皮层的，经烧烤后烧出了一层似皮的表层肉来，是上品的标志。"大头华"介绍说："将蜜汁叉烧与烧鹅肝夹着吃，是个绝配。"

"大头华"腊味也是名品。其中鲮鱼干远近闻名，以个大品高和呈蒜子肉状为食家所赏识，贴牌生产，冠以"顺德特产"美名，成为送礼佳品。"大头华"鱼干蒸腊肉曾入选"凤城招牌菜"。

黄连"大头华"烧鹅店

二、私房菜民间"厨神"

"大头华"以烧腊为主业,烹制私房菜属于"兼营"性质。近年来,随着烧鹅声名远播,尤其是在连续几届私房菜大赛获奖后,他的私房菜也日渐兴旺起来。

"大头华"笑言他的烹调绝技是"偷师"得来的。当年他当"烧鹅英"入室弟子时,师傅常与黄连乡间几位美食家开"诸葛亮会",摸着酒杯底一起品评鉴赏美食,切磋烹技。那时"大头华"只不过是个小徒弟,还未够格登堂入室列席旁听,还常被差遣去干杂活。为了窃听到前辈们的精辟议论和烹饪的真知灼见,他经常借故趸入"会场",竖起耳朵"偷"得一二。所谓"偷师胜过学师",由于有心学艺,所以能够进入堂奥,掌握了不少秘诀和绝技,例如:浸冬菇,开豆粉水浸,能让冬菇发亮;浸肉片、浸鸡血等,都要用"虾眼水"(刚开始沸腾的水),不能用"大滚水",否则肉质不滑;浸时不要触动那些浸料,一动,原先所上的粉就要散开,保护不了肉料;剁鱼蓉用双刀,剁烂一层,就刮走一层,而让骨屑留在底层(底层沾上了砧板的浊气,吃不得);擂米沙,要求擂浆棍不沾沙盆,说是沾盆了米会起浆,不好吃,所以擂时要用阴力,以米磨米,使之成为幼粒。一句句,听似零散,但"大头华"却铭记于心,加以融会贯通,并在实践中加以验证,升华为技艺和理论。加上他本人有高中文化,又喜欢钻研,连食补、食疗都有深入研究,所以连做菜也十分了得。

盐砸笋壳鱼

在第三、四届顺德私房菜大赛总决赛中，"大头华"以古法烩长鱼、连体式鸳鸯鱼取分别得了第六名和第三名。在十大金牌靓汤比赛中，他以鹧鸪鹅喉川贝汤和传统三冬汤分别赢得第一名和第三名，老鸡煲水蛇获得银奖靓汤。

几个大奖到手后，"大头华"研究私房菜的热情高涨，推出了鸳鸯蒸盐砸海南笋壳鱼等珍品。这道菜中，一条鱼用姜蓉蒸，另一条鱼用蒜蓉蒸。姜蓉直接撒在笋壳鱼身上蒸，蒜蓉则先溅盐、溅滚油。盐砸笋壳鱼肉实而味鲜，呈蒜子肉状，吃时沾熟油，甚香，肉有光泽，十分悦目。不久前，"大头华"烧腊店入围"佛山市乡村旅游粤菜美食示范店"。该店除烧鹅外，还有叉烧拼鹅肝、古法烩长鱼、腊肉蒸鲮鱼干、连体式鸳鸯鱼、盐砸笋壳鱼、鹧鸪鹅喉川贝汤、大豆芽菜烩肉松等菜式，几乎尽是获奖菜。

三、坚守乡土　执着传承

"大头华"的可敬之处，在于他一辈子牢牢扎根生于斯、长于斯的故土，深深眷恋着哺育他成长的那一方沃土和乡亲父老，牢记师箴，坚守传统烧鹅技艺，捍卫它的纯洁性。为了不让正宗黄连烧鹅制作秘技外传，他竟然拒绝顺德碧桂园、广州华夏大酒店、港澳地区乃至国外（如日本）的一些大酒店的高薪诚聘，宁可留在这块村级的风水宝地发光发热。他根本没有料想到，正是这种草根性、泥土味、街头风造就了"大头华"的事业和盛名。

为了让黄连烧鹅制作技艺薪火相传，"大头华"让大儿子刘家勇从小跟他学艺，以延续着烧鹅的烟火。20多年前，他带着家勇到大良美食广场参观，指着一只烧得并不出色的烧鹅，对家勇说："爸最差的烧鹅都比这只强，阿仔（儿子），我们有得做。"家勇在父亲的鼓励下从10岁起学习烧鹅。如今30多岁的他已有20多年的烧腊经验。10多年前，当他刚刚接手大良分店，报考高级烧腊师证时，考官不相信他已有如此丰富的烧鹅经验。他不得不从中级证书一路考起。现在每天早晨，家勇在黄连把前一天处理好的鹅带到大良，早上10点多开始烤制，开始过烟熏火燎的烧烤生活。11点多开始上午的售卖，店

"大头华"(右)与其子刘家勇

前出现一条来自各地的寻味者长龙,成了凤城食都一景。而在当下,名厨功成名就之后,有多少人愿意让子女来接自己的班,立在三尺灶台前?

还不止如此。"大头华"还把"刘绍华'粤菜师傅'大师工作室"设在自己的烧鹅店里,并让妻子和儿子都到工作室里效力,为培养出更多掌握烧鹅技艺的黄连子弟而多作贡献。

"大头华"为回报家乡对他的哺育之恩,凡有公益活动从不缺席,从不甘人后。乡亲们记得,为了支持社区防疫工作,他持续为执勤人员送饭菜,每天中午 11 点半和下午 5 点半,"大头华"都会亲自开车将 50 个饭盒送至执勤点,以此表达对志愿者工作的支持。"大头华"还多次捐赠物资,大力支持黄连社区慈善事业和文体事业的发展,支持传承和发展优秀传统文化。据不完全统计,自 2009 年 8 月开店营业至今,"大头华"共捐出善款超百万元。

第十五节　顺德美食"推广大使"吴添权

吴添权，黄连人，获"中华金厨奖"，注册"中国烹饪大师"，是国家中式烹调高级技师、"大中华殿堂级名厨"、粤港澳餐饮文化大师、粤港澳国际美食评委、粤港澳功勋烹饪艺术家、中华美食工匠、国家职业技能鉴定高级考评员、顺德职业技术学院兼职教师，现任顺德区聚福山庄饮食有限公司出品总顾问、聚福名苑出品总监。

一、师从四海精于勤

1985年，年仅17岁的吴添权抱着对烹饪的向往和生活目标入行，进入当时勒流最高食府——鼎力当学徒（称"红裤仔"或"花鬼"）。吴添权从小受"厨师之乡"浓厚的"讲饮讲食"风气的熏陶，也受到在天元茶楼务厨的父亲影响，对烹饪很感兴趣。在鼎力的4年中，从洗碗、洗菜到备料上菜，他都积极去做。本职工作之余，他还在后厨师傅旁边"偷师"。当时鼎力经理张远、主厨何淑英（人称"家姐"）都是黄连人，对这位专注好学的小同乡关怀有加，时时指点一二。就这样，吴添权有幸目睹名师烹制炒水蛇片、荔蓉香酥鸭、霸王大鸭等传统名菜的精彩过程，从每位大厨的烹饪中领悟到从厨一定要专注的道理。他总结说，这4年是自己"打下基础的关键期"，之后"就像学会了十八般武艺的少林武僧可以走出山门，出外云游了"。

1989年，深谙"鱼唔过塘唔得大"①妙谛的吴添权，先后在中山、佛山、深圳等地发展，汲取众家所长，不断揣摩其中奥妙，学习了许多优良技法，特别是见识了香港新派粤厨讲究成菜的色光这一专长，掌握了勾芡的新技巧。通过许多实例，吴添权深感不同师傅炒同一道菜会有不同的做法，即便同一厨师

---

① 意思是"鱼苗不换一个水塘不会长大"。

在不同时候炒同一道菜也有不同的表现，从中领悟到确立菜品烹饪工艺标准的必要性。经过这番"云游"和"历练"，吴添权的厨艺和厨政水平大有提高，已经成长为一位能够独当一面的大厨了。

二、业绩卓著的行政总厨

2002年，吴添权回到顺德，进入了后来被认定为"中华餐饮名店"的聚福山庄工作，至今历时20年，从单店的行政总厨，到如今的餐饮集团总顾问、聚福名苑的出品总监。吴添权回顾这段历程，深有体会地说："当好一名厨师，要摒弃杂念，专注做好菜品。做好一名总厨，不仅自己做菜要好，还要知人善用，将厨房管理得井井有条，为顾客提供舒心的菜肴和服务。"作为聚福山庄出品的领军人物，吴添权与出品人员积极创新，并推出多款聚福特色的招牌名菜：麒麟金猪、鲜子姜扣肉、招牌干捞翅、极品金沙瓜、荷香水蛇柳、玉树金沙鸡等，其中招牌干捞翅、极品金沙瓜、麒麟金猪获2007年顺德金牌菜之金奖菜殊荣。其个人代表菜式八珍水鱼、榄仁炒肚尖被廖锡祥编入《食典寻源——顺德名菜的美味故事》一书中，麻辣小龙虾更获得中国认证标准。吴添权还参与了顺德区人民政府组织的勒流名菜联盟标准的起草和制定工作。

聚福山庄旗下有5间分店。如何保持各店菜肴的出品风格和稳定性，是吴添权的一项主要工作。聚福山庄是以传扬顺德传统粤菜为基本风格的代表性餐饮企业之一，并且是顺德区饮食协会会长单位，对各店的出品和服务水准自有要求。吴添权认为："无论从企业品牌，还是从社会层面考虑，公司有制度要定期或不定期组织厨师团队进行讨论，帮助厨师了解社会潮流和趋势，并且推动菜肴的研发。发掘、研制更多优良的顺德菜肴，我们的企业和顺德美食才会走得更远、更好。"

三、到海外推广顺德美食

吴添权先生身为"顺德名厨"，在践行弘扬中国粤菜、顺德美食的社会责任方面也不遗余力，曾代表顺德区人民政府远赴德国、南非、马来西亚等国推广顺德美食。2017年8月代表中国（顺德）参加南非首届中国顺德美食文化节交流活动；2017年11月代表中国（顺德）到马来西亚参加"凤厨下南洋"美食交流活动，并参与主理"凤鸣宴"菜肴烹饪及厨艺演示等活动。在2017年顺德首批"中餐繁荣计划"中获得"名厨"网络投票第一，并受聘担任"推广顺德美食文化的使者"。2018年2月16日被国务院侨务办公室"春节送年饭"活动选派为大师组成员并远赴美国、巴拿马、墨西哥等国现场主理烹饪菜品。同年8月受国务院侨务办公室委托，再次前往美国及中美洲的洪都拉斯、哥斯达黎加等国家进行中国粤菜厨艺展示与推广。2019年6月受顺德区人民政府委派，赴英国推广顺德美食文化。特别是在美国休斯敦华助中心，他和几位名厨一起出席了"粤菜名厨学堂"挂牌仪式，现场所有菜肴都用有中国国徽的盘子盛载。名厨们精制的经典顺德菜赢得了嘉宾的赞赏，顺德美食的知名度和美誉度得到了提升。吴添权回顾这些传经"西游"活动时，激动地说："传播顺德美食是一份沉甸甸的责任。自己仍要更加努力，更好地迎接未来的挑战，花时间研究，在顺德乃至世界各地做出最地道、最美味的顺德美食。"

吴添权在制作鱼生

第十六节　烹鱼高手"奥巴顺"

"2008年是阿顺职业生涯的一道分水岭，此前他叫'曹顺文'，此后他叫'奥巴顺'。此前他是顺德区勒流街道黄连社区祥顺饭店的老板。此后，他因酷似奥巴马而风生水起，成为珠三角和港澳驰名的'电视红人'，祥顺饭店红红火火，成为各地饕餮食客及旅行团踊跃驻足大快朵颐的一个景点。"钟洁玲在《顺德美食"网红总统"》一文中这样概括"奥巴顺"富于传奇色彩的职业生涯。

酷似美国前总统奥巴马的"奥巴顺"

2008年11月4日，奥巴马（Barack Hussein Obama）当选美国总统。①有食客发现曹顺文极像奥巴马。这一消息很快传遍黄连社区，一个"疑似总统"的口头八卦竟然演变成中国乡间的娱乐新闻。接着，顺德电视台《食出一百分》节目组给曹顺文拍了一辑美食节目。在珠三角很有影响力的香港亚洲电视台②《食出真滋味》节目主持人黄丽梅教会曹顺文模仿奥巴马的手势和眼神。曹顺文嗅觉敏锐，意识到机会到了，顺势改名为"奥巴顺"，并赶快把"奥巴顺"与"奥巴顺无骨鱼"抢注了商标，同时抢注了国家网络域名商标。

经营无骨鱼，既是偶然，也是必然。之前有一天，有一家四口到祥顺饭店吃饭。爸爸要点清蒸鱼，妈妈说："孩子太小，鱼刺多，易鲠骨。""奥巴顺"一听，如同电光火石，一下激活了他的灵感——无骨鱼！唯无骨鱼，老少咸宜。

---

① 2009年1月20日正式就职，2017年1月20日卸任。
② 简称"亚视"，英文为Asia Television Digital Media Limited，简称ATV，现已停播。

"奥巴顺"是"鱼塘公"①出身，正如美食散文家沈宏非所说"天下最会养鱼烹鱼的莫过于顺德人"，而"奥巴顺"投身饮食行业之前还专门学过割烹之术。他在长期烹饪实践中练出了一身炉火纯青的烹鱼绝活。他从起鱼片开始，沿着鱼脊到尾部，把肥嫩厚肉起出来，与骨架分离，再切成块状，切出不到2毫米厚的鱼片。整个过程犹如庖丁解牛般，扒、削、剖、解、切，要一丝不苟地运刀，才能让鱼肉不带一丝鱼刺。起完鱼肉，"奥巴顺"将大头鱼的"下栏"②发挥到极致：鱼皮制成凉拌鱼皮，碎鱼肉做成可口的鱼蓉羹，下酒至爱的煎焗鱼骨，以及豉汁蒸鱼嘴、姜葱炆鱼腩、鸡蛋煎鱼肠，一鱼六吃，了无浪费。

在餐饮竞争中，"奥巴顺"总结出两大制胜法宝：①有绝活，要有自己的特色菜；②善于宣传，吸引远近有消费能力的回头客。他自创了一个新的角色——导食，教人吃无骨鱼，把鱼片涮烫25秒至恰熟，趁最鲜最嫩时进食。他一桌一桌地为食客示范，传授"食经"。钟洁玲评论："无骨鱼也许并非'奥巴顺'发明，但他却是最成功的推广者和代言人。"于是，来顺德的食客都知道那句口头禅："食无骨鱼，见'奥巴顺'。"他的无骨鱼成了一个美食IP。佛山诗人梁二白先生题诗："不须惆怅旧黄连，依日重临味转鲜。无骨鱼香祥顺美，风怀长抱酒诗天。"

2016年5月，中央电视台大型纪录片《寻味顺德》播出后，"奥巴顺"更迅速成为"网红总统"和顺德美食的代言人。在黄连"揾食"（谋生）23年之久的"奥巴顺"利用自己的无骨鱼是《寻味顺德》上榜品牌的天赐良缘，果断地做了3件事：①把狭仄的祥顺饭店迁到宽敞的光大创世纪新村美食街119号；②把饭店更名为"奥巴顺私房菜"，突出"奥巴顺"品牌；③就是踩上了《寻味顺德》的节拍，于首播第二天即五一劳动节隆重开张。"奥巴顺私房菜"一开张就门庭若市。

"奥巴顺"清醒地意识到，光靠长相带来的红火不可能持久。因此，他一

---

① 指养鱼的男人。
② 在粤语中，"下栏"的意思是"下脚料"。

直打造着双重角色：①饮食娱乐圈里的"美国总统"；②身怀烹鱼绝技的顺德厨师。当时一家纸媒这样评论"奥巴顺"："勒流曹顺文虽长相酷似美国总统奥巴马，但未走上特型演员之路，而是选择与顺德美食联姻，走上既靠长相更靠厨艺吃饭的生存之路。'奥巴顺'开店，顺德人实干。"为把生意长期做旺，他坚持不懈地修炼"内功"：刻苦攻读各种烹饪著作，从中不断汲取厨艺营养。为了更好地接待港澳旅行团，他去香港厨艺学院、香港海皇宫连锁酒店参观学习，到"食神"梁文韬的元朗荣华大酒楼学习"五常法"，成为香港厨艺学院永久学员。他更多的是不断优化自己的出品，淬砺自己的品牌，培育更多的精品。他的无骨鱼获"2011年度最受网友欢迎民间金奖美食"称号，2012年获佛山美食文化节最佳特色美食金奖，2013年获"稻香皖"杯广东厨艺交流会特金奖，2017年被广东餐饮行业评为"广东名菜"。同年6月，"奥巴顺"的剁椒蒸鱼头进入佛山市"新食代爱吃榜"30强。在第七届"奥食卡"世界美食大师赛上，"奥巴顺无骨鱼"荣获中国厨艺创新金牌奖。此外，"奥巴顺爽皮鸡""奥巴顺秘制鸡脚"、古法焖羊肉……也吸引了食客慕名而来。他的鲮鱼干闻名粤港澳，上过中央电视台。他晒制鲮鱼干的经验被吸纳入勒流鱼干制作技艺的标准中。20多年来，"奥巴顺"获得了无数荣誉，包括"中国烹饪大师"、"中华厨艺创新"金牌奖、"世界（粤菜）厨皇精英赛"金奖、"中国名厨"白金奖等。"奥巴顺私房菜"则被广东烹饪协会评为"广东餐饮特色名店"。

  "奥巴顺"深知，自己的成功有赖于社会各界的支持和厚爱。因此，他积极参加各项公益活动，以实际行动回报社会。难怪他见到有家媒体把他与几个"靠长得像奥巴马"因而"改变人生"、轻易名利双收的人相提并论时，有理由这样发问："编辑先生，先要比一比，哪个为国家纳税最多？哪个参与社会公益活动最多？"

第十七节　善于开发创新的点心大师关家乐

一次，香港美食家蔡澜先生来顺德拍摄一档美食节目。他找到福盈酒店点心部，让点心大佬关家乐做一百道点心，不得重复。关家乐笑言，就是做两百道也不成问题，结果不负蔡先生所托。香港一家媒体对此事进行了报道。

关家乐在百款点心前与蔡澜合影

关家乐为蔡澜先生做了一百道点心

一、出身厨师世家的面点师

关家乐出身勒流黄连关地的一个三代从厨的厨师世家。关家乐15岁时由大叔公关汉纪带入行，至今从事饮食业已有40个年头。如今的关家乐在点心制作上经验老到，游刃有余。他制作点心的秘诀就是"用心，钻研，创新"6个字。点心制作对他来说，不仅是烹制食物，更是一门艺术，正所谓"秉持匠心，十指捏花"。

他对顺德前辈西点大师伍钊师傅所言"学通'三酥'（核桃酥、甘露酥、岭南酥①），走遍天下"深以为然。入行之初，他用了3年时间扎扎实实打好

---

① 这3种酥都是"万能皮"，咸甜皆可，可以从中变出其他饼食来。打下这个基础，就可以变通发展。

基础，学有所成。出师后转益多师，博采众长，融会贯通，领会点心制作的妙谛和个中三昧。关家乐认为，在学习阶段宜多"跳槽"，到多家名店去见识学习，开阔视野，广泛吸收经验，丰富自己的阅历；待到三四十岁人生成熟时，找一家适合自己的餐饮名店扎下根来，安下心来，专心研究，发挥专长，踏踏实实做出成绩。他是这样想的，也是这样做的。在经过珠海（斗门）、深圳、顺德多家酒楼食肆的历练后，关家乐终于选择在"中华餐饮名店"——福盈酒店立下脚跟，一干就是30多年，当上了点心部主管，获得了"顺德名厨""广东钻石名厨""特级点心师""中国烹饪名师"等荣誉。

二、顺时而变　锐意创新

俗话说："功到自然成。"经过长期的"淬火"和磨练，干一行爱一行专一行的关家乐技艺逐渐进入化境，能随心所欲把手头的面团捏出百种千般的艺术品来。经过多年的辛勤劳动，他已经迎来了硕果累累的丰收季节。早在1986年，跻身于顺德点心师傅之列的关家乐，成功地改良了传统馒头的制作方法，以酵母替代老面来发酵馒头，做出来的馒头色泽白净，蓬松得恰到好处，吃来有嚼劲。由于创新取得了成功，当时许多点心师都来向关家乐取经。

传承不守旧，创新不忘本。除了对传统手艺、传统点心制作的坚守，关家乐作为点心大佬还锐意创新。首先在传统点心的基础上推陈出新。如芝麻糕，过去用马蹄（荸荠）粉做主料，改用木薯粉，做成的糕有柔韧感；又如从粤菜芋头扣肉得到灵感，创出香芋火腩卷，等等。

关家乐从2017年开始学习和研究西式甜品，力求做到中西融合、西式中做。他把萝卜酥的做法应用到制作榴莲酥上。如今，榴莲酥做成了他的拿手点心之一，也是福盈酒店的招牌点心之一。开酥是这道点心制作成功的关键，用马铃薯粉制作的西皮入锅油炸，层次感更加分明；再放入金枕榴莲肉，口感特别香甜。

制作手艺创新带来点心品种创新。"我们必须面对的是，要用新的出品吸引年轻一代。"关家乐深知，时代在变，人们的饮食习惯也会改变，点心师必须不断地对配方进行改良,注入新的元素,以适应新的饮食潮流。芝士拔丝春卷、姜汁慕斯蛋糕、芝士蛋糕等西点中做的品种不断从以关家乐为首的团队中创出,紧紧吸引年轻的消费者。此外,关家乐还在器皿、摆盘上下功夫,取得了好吃又好看的效果。

作为土生土长的顺德点心师,关家乐曾用10年的工夫,专注研究水牛奶点心的开发。他对顺德特色小吃姜撞奶的制作极有心得,摸索出一整套上佳出品的要诀。他认为,做好姜撞奶,关键是奶源好,要选纯正的水牛奶,温度控制在85℃—90℃;用小黄姜挤汁,制作时将适合温度的水牛奶撞正姜汁的中心,如果撞偏了,就会凝结得不均匀而影响口感。此外,还要控制好客人进食的时间,以撞后五六分钟进食为好。如果吃得慢,姜撞奶就会"生水";吃得过早,奶就未能凝结好。近年来,关家乐在外出进行厨艺交流活动时多次负责堂做姜撞奶。关家乐推出了不少水牛奶点心,有白奶黄包、水牛奶挞、杏片流沙球等品种。

三、踏实稳重　心无旁骛

30多年点心师生涯一晃而过,关家乐已接近退休。谈及未来,关家乐仍然希望保持做好点心师的初心,钻研创新不停步,创制出更多美点以满足食客的口味需求。这位曾在2006年参加"李锦记杯"全国烹饪技能竞赛美点项目比赛中获得金奖的劳动能手,如今仍旧站在生产第一线,履行着自己作为点心部主管的职责,把好出品质量关,做好成本核算,并做好"早茶灵魂"赋予者的角色。正因为有了关家乐长期卓有成效的坚守和严格把关,福盈酒店的点心在广大食客中有口皆碑,在珠三角颇有名气。

关家乐的获奖证书

第十八节　全能大厨梁国华

梁国华，顺德厨人称他"虾华"。他身上颇有传奇色彩。他主理厨政的酒楼食肆食客如云，生意火爆，盈利可观。黄连厨师都说："虾华上识天文，下晓地理，俗语掌故脱口而出。"坊间流传一句话："做酒揾（找）虾华。"他有"黄连通胜（书）"的雅誉。

这个"虾华"究竟是个怎样的人呢？

一、从辍学小学生到厨艺培训学校副校长

梁国华出生在黄连社区北头坊，那里以出产黄连厨师和黄连风炉著称。他的父母是当地的厨艺高手，不时上门到会替人操办喜宴，做十桌八桌不成问题。梁国华从小对烹饪很感兴趣，整天琢磨着做好吃的。1985年的一天，堂兄对正在念小学四年级的梁国华说："读书怪闷的，不如到深圳当厨师吧。"生性好动的梁国华二话没说，瞒着家人去了深圳中洋酒楼当了小厨工。兴趣让他下班后还到附近的文苑酒店义务打下手。经5年学艺，梁国华"云游"四方，步步高升，在佛山、北京、广州各大酒楼宾馆"一轮游"后，回到顺德大良，已是蕉雨轩泰国菜馆的总厨。其后，在台山①岭城酒店任职顾问，在勒流水乡阁、锦华生态农庄先担任总厨，再升为总监，之后再升为总经理。然后，在美的海岸花园南国水乡、伦教星福酒家担任总经理。现任"欢的烧腊"食品研发中心主任、欢姐烹饪职业培训学校副校长。

二、一句谗言激励出的"中国烹饪大师"

在深圳步入饮食业后，梁国华迅速迎来了人生的黄金时期。那时的他一日

---

① 台山为县级市，由江门市代管。

"中国烹饪大师"梁国华　　　　　　　　梁国华参加美食比赛照片

5餐吃20碗饭，身体健壮，精力充沛，意气风发，事业顺利，兴趣广泛，收入可观。用他的话说就是"爱吃、爱玩、爱结交好朋友"。举凡商业、工业、建筑、种养、收藏，他都涉足，并把各行各业的知识技能融会贯通，运用自如。

正当他乐滋滋地扮演着"杂家"角色时，一句谗言把他引向专门家路上发展。当时梁国华正在佛山禅城一家酒楼当高管，把酒楼打理得井井有条，月薪两万多元。酒楼生意风生水起，食客要轮流等位，企业盈利丰足，他拿这份高薪当之无愧。一天，有位行家却对他的老板说："你瞧'虾华'，无牌无证，竟拿这么高的月薪！""无牌无证"这4个字像钢针一样扎痛了梁国华的自尊心，受歧视的羞辱感激发了他积极进取的心。从此他心无旁骛，钻研厨艺，在比赛、考级、领证的征途上步步高升，一发不可收拾，几乎把厨师的所有职称、荣誉揽入怀中，包括最耀眼的光环"中国烹饪大师""国际烹饪艺术大师""中式烹饪高级技师"、国家职业技能鉴定中式烹饪师高级考评员和国家职业技能鉴定中式面点师高级考评员，还有最近考取的广府粤菜风味烹饪高级考评员。

众多的大奖眼花缭乱,这里仅枚举分量最重的两项:① 2017 年获得"世界粤菜米其林星厨亚太国际厨皇"勋章;② 2018 年获得"中华金厨奖"。他的作品花雕乳鸽、香酥乳鸽在 2018 首届世界鸽王美食大赛中荣获个人热菜金奖。梁国华不仅自己勇攀厨艺高峰,而且大力鼓励身边的厨务工作者考证考级,不断提升自我。于是,一个个优秀的厨师团队在他的领导之下茁壮成长。

三、经营顺德水乡风味菜的高手

虽学艺于深圳,受教于新派粤菜的香港名厨,但梁国华身上的顺德味觉基因让他钟情于水乡田园风味菜,而又融入了新潮的港式汁酱味道。这位兼营养殖业的厨艺高手,熟谙鱼虾蟹鳝鳖的生活习性,善于通过"吊养"各种河塘海鲜,把它们"调教"成具有野生水产肉质、口感和味道的一流食材,并加以粗料精制、常料精制,"炼"成在市场上"爆红"的精品名菜,创造出颇高的经济效益,带旺了不少餐饮企业,充实了老板的腰包。

梁国华烹制美食作品

梁国华善于把"朴素的"食材精制出叫座的走红菜品。一只塘养水鱼(中华鳖)经他藕塘"吊养",精心烹饪,卖出 280 多元。他还把别人弃之如敝屣的下脚料,加以精制而成佳肴,例如从红烧乳鸽摘下的鸽肫做成盐焗乳鸽肫,这可是一道香浓下酒菜!

梁国华创制了不少脍炙人口的特色菜。早在 20 世纪 90 年代,在顺德北滘兴发农庄,他就研发出至今仍然风行的顺德大盘鱼。他将硕大的水库大头鱼加蟹、虾、白蚬以及应时得令的园蔬蒸至半熟,加入微辣的秘制汁酱上桌,让食客自行焖着吃。此菜甫一推出，即大受食客欢迎。《食典寻源——顺德名菜的美味故事》一书这样评论顺德大盘鱼："此菜的推出是顺德土著的远祖百越人彪悍血性的隔代相传和迸溅！卖点是场面宏大，料多量大，众味融合；难点在于多种不同质地的食材同一时间恰熟奉客，食材的初加工分别恰到好处。"[①] 梁国华创制的葱香骨，取排骨中的脆骨，飞水后下姜葱，焓到五成烚[②]，捞起，调入从罗宋汤演变而来的灵魂酱汁，煲至够烚。此菜成了伦教星福酒家的必点菜。在勒流锦华生态农庄时，梁国华研制出蒜头豆豉蒸缩骨大头——将蒜头、姜拍松，与豆豉一起剁碎，加入花生油拌匀，入糯米酒蒸熟，香鲜得令人"眉毛都掉下来"，后来获得"2007顺德金牌菜之金奖菜"称号。梁国华谈及自己屡有菜品创新个中原因时说："我也不能说是很有天赋的人，但是这些朴素的菜我能加以改良，由于见识比较多，又在学习烹饪的路上努力学习，用心研究，所以我在创新这方面变通快。比如我在菜市场看见一种菜，我就能联想到什么食材和调料能够与它搭配，做出一道更好吃的菜肴来。"

四、为培养更多粤菜师傅而努力

如今，梁国华迈上了职业生涯的一个新台阶：出任"欢的烧腊"食品研发中心主任，并在欢姐烹饪职业培训学校担任副校长。

角色的转换让梁国华有更多的机会登上讲台，把自己丰富的烹饪实践经验传授给学员。在烧腊培训班里，他更多地扮演实训教师的角色，动手做菜给学员做示范，然后让学员烹饪，由他打分、点评。目前，他教的主要是实操，传授的主要是宝贵的实践经验，如怎样判断鹅只的老嫩，如何根据天气调制卤汁，并让它保鲜。文化水平的限制和理论的有待提升，对梁国华来说是一个挑战。幸而，这位当年在课堂上坐不住的好动之人，在选择了厨师作为终身职业之后，对专业书籍爱不释手，努力研读。香港的《新满汉华筵菜谱》成了他的案头书

---

① 廖锡祥：《食典寻源——顺德名菜的美味故事》，广东经济出版社，2019年。
② 在粤语中，"烚"的意思是"软熟"。

乃至枕边书。通过阅读，他见识了中华饮食文化的博大精深，从而激发出他攀登厨艺高峰的巨大热情。而出任"欢的烧腊"食品研发中心主任后，对《烧腊制作图解》等专业书籍更是下苦功夫钻研，并取其精华，运用到日常教学中去。

梁国华常说："学无止境，达者为师。我认为人就是要活到老，学到老。随着时代变换，人的口味随之改变。我们唯有不断学习，才能跟上时代前进的步伐。"

最近，梁国华注册入驻广东省"梁桂欢'粤菜师傅'大师工作室"、佛山市"刘绍华'粤菜师傅'大师工作室"。可以预见，在这位全能型厨艺大师的悉心培育下，更多的粤菜师傅会在黄连这个广东粤菜师傅名村茁壮成长。

第十九节　无师自通的厨坛巧匠何盛良

对于"中国烹饪大师""顺德名厨"何盛良师傅来说，走上厨师之路无关理想，更多源于儿时习惯。他说："基本上黄连人都会厨艺。因为家境不是很好，爸妈都出去打工，我从懂事开始就学会做饭，就这么喜欢上烹饪了。"

习惯，慢慢成了兴趣，练成了技艺。何盛良笑言自己是"无师自通"，就通过一些"野路子"来学会厨艺。何盛良原先在深圳从事人力资源和行政管理工作。当时有个老板是香港人，喜欢吃顺德菜，想找会做顺德菜的顺德人，专门去做公司接待宴席的厨师。老板认可何盛良的厨艺，就把他调到公司旗下的酒店去监管出品。其后何盛良创过业，开过属于自己的餐厅和农庄；后来，接一些酒店的管理工作。其间跟随团队到过广西、深圳、惠州、西安、浙江等地考察餐饮业，多在珠三角一带从厨，主攻四季菜，以后就开始担任总监、顾问，如今在顺德潮汇餐饮有限公司任运营总监，管理8家食店，主要是巡店，负责发现问题并指导解决。

游历甚广且见识过不同菜系的何盛良，养成了博采众长，以"他山之石"攻顺德菜之"玉"的习惯。他说："我喜欢到处觅食，尝到好的，就自己摸索，根据具体情况加以改良，做出自己的味道。"他的招牌菜大蕉焖鸡就是这样创制出来的。有一次，何盛良到南沙（今属广州市辖区）的朋友家玩，朋友的妈妈给他端来一盘大蕉粥。令他惊奇的是，遇铁锅变黑的大蕉肉（因其分泌物被氧化）却被朋友的妈妈收拾得十分白嫩，味道十分可口。回去之后，何盛良决心把这个窍门琢磨出来。经过多次尝试，也遭受了多次失败，何盛良变换了多种烹调方法和作料，终于找到了让大蕉肉不变黑的窍门，并创制出一道新菜大蕉焖鸡。他焖出的大蕉色泽金黄，口感似淮山，因吸收了鸡的鲜味，吃起来味道可口。这成了他当年创办的大东农庄的招牌菜。当时食客要品尝到这道菜，必须提前一周预约。

创新带来了乐趣和成就感。何盛良说："每次看到做出来的菜被食客吃得干干净净，满意而归，我就感到高兴和满足。"创新一直是何盛良在近30年的厨师生涯中前进的动力。尤其是2008年开始担任厨师长和后来自主创业的阶段，何盛良痴迷于创制新菜。

"粤式老醋云吞"先将云吞浸熟，摊开，调入由陈醋、麻油、糖、花椒油调成的凉拌汁，加入香芹（此菜的灵魂）、芫荽。这道小吃香气扑鼻，给食客以口味一新的感觉。

"御品水晶虾"将沙虾剪去枪和步足，开背，挑去沙线，用高油温炸，放入汁酱翻炒，让虾晶莹如水晶，有透明感，能保持水产的鲜味。烙蒸罗氏虾把罗氏虾放入烧热的烙锅内烙熟，放上蒜蓉，制法"简约而不简单"。

一道九制陈皮蒸番茄将番茄撕去

"中国烹饪大师"何盛良

表皮，切开4块，放入砂糖，蒸6分钟，取出，倒去水，用九制陈皮调味，将陈皮的甜酸味与番茄的鲜甜味结合，让人食指大动。一道百花石榴球灵感来源于广州的锦绣虾球和小榄的炸鱼球，将虾球融进猪肉粒，再裹上一层细碎的面包屑，油炸之后，恍若剥了皮的石榴，呈现出多层次、多口感，味道鲜上加鲜。而花雕蒸鱼融合了鱼的鲜味和花雕的酒香，别具风味。

缜密的心思、过硬的技术，让何盛良在各项厨艺比赛中屡屡脱颖而出，获奖无数。2018年，他参加第十二届亚洲名厨精英荟，摆在他面前的只有南瓜、土豆、草菇等几种常见的食材。何盛良想，若是把南瓜、草菇等料一锅炒，显然突出不了顺德菜"粗料精制"的精髓，如何才能出彩？何盛良大胆创新，把南瓜切成"石头"，土豆泥和草菇捏成秋蝉形状，饰以虫草花做成的"蝉须"，黑芝麻作为"蝉眼"——一道石上鸣秋蝉不仅保留了蔬菜的清新味道，而且造型栩栩如生，做工精致细腻，不啻是一件精美的艺术品。何盛良终于以这道艺术菜在高手如云的赛场上脱颖而出，拿下了热荤蔬菜类银奖。有诗赞美石上鸣秋蝉："园蔬简约巧为烹，秒变寒蝉石上鸣。振翅撩须频转瞬，犹能尽力报秋声。"赛后谈及在比赛中屡屡获奖的奥秘，他淡淡一笑，说："我只不过比别人付出更多，准备更充分罢了。"他说自己在赛前"损耗很大"，深知自己并非科班出身，就自觉比别人多下功夫，并且有意识融进一些创新元素，不落俗套，因此成绩不负苦心人。

何盛良既重视创新，也努力继承传统。2021年秋，何盛良接受了"复制"失传百年的顺德"斋王"——正宗罗汉斋的任务。这道斋菜要用上"三菇六耳九笋一笙（竹荪）"，表现佛教故事"十八罗汉朝观音"。由于材料多样，制作精细，堪称素菜之集大成者。而之前仅在老菜

"中国烹饪大师"奖杯

谱《顺德菜精选》中有文字记载，所有现役厨师都没有见过这道菜的"真容"，制作难度可想而知。但何盛良知难而进，多次与老厨师以及文化学者试制改良，终于交出了比较优良的答卷，出色地完成了任务。

不知不觉，何盛良从事厨师行业已经将近30年。他尝试过做别的工作，但最终还是回到了自己擅长而且喜欢的餐饮行业。他曾对记者说："我尝试过才发现，自己做厨师最顺手。"

第二十节　重标准创品牌的出品总监何庆林

何庆林从事餐饮行业超过30年了。"三十而立"，正是事业迈向大发展的黄金时期。

一、学艺广州　成才凤城

何庆林，现任富萌餐饮管理集团出品总监。他现在虽然很少进厨房亲自"操刀"，但对食材的来源、品质、加工等出品环节的管控丝毫没有放松，相反，更加严格、规范。说起自己的从业经历，何庆林称"真是有点故事"。何庆林的厨艺人生是从大城市广州开始的。1990年，何庆林高中毕业，刚好有亲戚从事餐饮行业，建议他投身餐饮行业。因为饮食是人生大事，做餐饮就是服务大众。就这样，他开始进入餐饮行业。

1991年，在舅舅的引荐下，何庆林先后来到广州的东江饭店、回民饭店学做客家菜。随后，又师从华侨大酒店主厨学做潮州菜——"当时大厨朱彪初做的潮州菜非常出名"。两年后，何庆林经朋友介绍来到东莞北海渔村（主营潮州菜），做潮州菜的厨艺因而得到了提升。1994年，何庆林返回顺德，在仙泉酒店旁边的凌波仙舫开始做顺德菜。年纪轻轻的他已经对粤菜的三大流派（广府菜、潮州菜、客家菜）乃至西餐都已有了经验，并逐渐做到了融会贯通。

1995年，何庆林加入了著名的清晖园楚香楼，经过几年打拼，实现了顺德菜厨艺的大飞跃。当时，酒楼师傅康海做的楚香鸡非常出名，烹制一只鸡要放的水、盐、香料的比例是多少，都十分讲究，但并没有相关标准。为了学到烹制技术，他在值班时暗中"偷师"。他说："师傅教你时，也会留一手，不可能标

何庆林

准化，只能靠自己观察、摸索。"当时，师傅有几个招牌菜和点心很受食客欢迎，除了楚香鸡，还有野鸡卷、乐从鱼腐、锅贴牛奶等。他长期坚持值班，跟师傅以及后来成为"顺德十大名厨"之一的陈德和等学到不少拿手好菜的烹制真功夫。他在清晖园楚香楼餐厅赢得了美食奖项和荣誉，并随老前辈多次到访香港、澳门的中资酒店，从事顺德菜推广交流活动，还有幸参加全国烹饪技术大赛，从而开阔了眼界，增长了知识，提高了技能。

2000年，何庆林受聘担任美的海岸花园会所厨房主管。"宴席多的时候，工夫也多，需要提前做好备料。各种食品要到位、做好。"在此过程中，会感到很劳累，但也很有趣，从中掌握了大菜烹制出品和宴会统筹安排能力，体会到如何令食客满意是餐饮从业人员的一门学问。2003年，何庆林参加顺德首届厨师技能培训班，并通过撰写专业论文和参加考试，成为顺德首批国家一级技师之一。

在多家名店见识学习、开阔视野，广泛吸收经验，丰富自己的阅历之后，何庆林自感人生成熟时，便打算找一家适合自己发挥所长的餐饮名店扎下根来，准备干一番事业。

2005年11月,何庆林加入大良富豪西餐厅,担任出品总监。由此,他正式加入广东富萌餐饮管理集团,并担任集团出品总监。

二、确立标准　保证品质

2008年,根据顺德饮食业的变化和市场需求,何庆林参与筹备的味力东翼西餐厅开业了。餐厅并不限于做顺德菜,而是根据本地人的口味,融入中餐、西餐的做法。何庆林在这所餐厅建立了出品实验室暨菜品标准工作室,以便在整个集团推广。他深刻认识到,出品追求品质稳定,才会让每位到来的客人品尝到始终如一的味道,这就需要标准,使每一个菜的出品、口味满足顾客的需求。在厨房前线工作期间,他对自我厨艺提升的渴求从未止步。作为顺德人,他对传统顺德菜有着执着的热爱。而为了加深对西餐的理解,他不断从专业书籍中学习最系统的基础知识,并通过到知名餐饮企业学习和试食,与餐饮行业协会同行的交流,不断在自己的出品实践过程中积累对世界各国调味方法、食材特点及其运用的经验。

何庆林说:"厨师技术只占一部分,还得不断标准化,把好出品质量关。"标准制定后,他注重加强日常培训,对连锁店勤于检查,各个店都要严格按照标准执行。例如,为树立顺德品牌,传承顺德菜,注重"清""爽""滑""嫩"的特点,富萌饮食集团将常规的咕噜肉设计为草莓咕噜肉,增加草莓风味,受到年轻人的喜爱,食品也更加健康。为保持金钱蟹盒、野鸡卷等顺德名菜的传统风味,他请陈德和等老前辈做顾问,坚持守正创新。

西班牙塞拉诺火腿栗子蒸鸡

何庆林说:"以前中、西

餐比例各占50%，在顺德获得'世界美食之都'称号后，餐厅经营的品种亦有所调整，适当加大中餐出品的比例。"他们注重观察客人口味、喜好的变化，不断创新出品，如鳗鱼、鲮鱼的做法，每年几乎都有新花样。

　　该集团也十分注重新品推介，如泰式香芒炒雪花牛柳。"以前对食材没认真制定相应标准，令出品不太稳定。现在很讲究用产自哪里的芒果和用谷物饲养多少天的牛肉，以及选哪个部位才可以炒出嫩滑的口感。"除了厨师功夫，食材选购也很讲究，如牛肉、猪肉、清远麻鸡的选购等，因为品种繁多，质量参差不齐，需要很注重验收来保证品质。食客对出品品质的要求不断提高，而集团一直坚持使用安全优质的食材并秉承烹饪宗旨满足食客的需求。

泰式香芒炒雪花牛柳粒

三、两条经验　感受殊深

　　何庆林深刻认识到，从基层学徒到烹饪师傅，到厨房管理人员再到出品把控管理，一路走来，做好以下两点工作对餐厅的经营帮助很大。

　　（一）抓好成本管理

　　成本管理从不是以节约为核心，而是通过深入了解食材的产地、季节特性，兼顾在采购规模结算周期与采购渠道的优化，不断将同样的出品做到更有竞争力。能省下的，就尽可能让利给顾客，有时食材涨价而餐厅不加价亦是一种让利于客的经营方法。

　　（二）抓好品质管理

　　第一，除了前期的深入了解、测试比对和选择优质稳定的食材外，对食材的储存和加工进行细化的标准管理同样可以提升出品品质。

第二，对每个出品做细致的标准化，如所用调料的品牌，食材份量标准精确到重量以克为单位来计算，烹调时油炸温度准确到以摄氏度来计算，炸制的时间以秒为单位来计算，等等。务求通过精确的标准化让厨房为单位出品人员得到更准确的指引，做出更稳定的出品。

第三，预制酱汁和半成品。将不稳定的酱汁和食材进行初期调味，可以降低烹调时人为的不稳定性，令出品更稳定。

第四，至于厨师，则通过培训，使之将简单的出品操作认真重复做，达至熟能生巧，再通过厨艺交流，促进技术提升。这是保证出品品质的有效方法。

何庆林说："人们对餐厅出品要求越来越高，我们更需要努力将出品越做越好。认真精选优质的食材，尊重传统烹饪手法并融入创新的元素。在尊重地道顺德菜的传统的同时，加入了我们对新派菜肴的理解和认知，赋予了新的元素，以达到美食与传统的共鸣。与团队一起，为每一位食客带来舌尖上的惊喜之作。"他还表示，厨师也是艺术家，在让市民享受美味佳肴的同时，也给自己带来视觉、味觉、心灵的愉悦和美的享受，这是自我不断努力的源泉。

第二十一节　从厨师到导师的关永忠

顺德坊间流传着这样一句熟语："食在广东，厨出凤城，味在勒流，根在黄连。"关永忠便是从有"厨师之乡""广东粤菜师傅名村"之称的黄连走出来的一位粤菜名厨。1994年，高中毕业的他随着舅舅老耀光进入有"顺德名厨黄埔军校"美誉的仙泉酒店（四星级），成为厨房里一名小学徒。从打荷到水台，又从水台到灶台，他经历了不知凡几的学厨之痛，洗炉头被烫到，杀鱼被鱼刺刺伤。这种"切肤之痛"已是家常便饭。

但总的来看，作为厨师，关永忠还算是幸运的。毕竟新时代的师傅不同于保守的前辈，"那时候学做菜，只要你愿意学，师傅就肯教你"。关永忠记得，每到下班时间，自己从冰柜里拿出卖剩的鱼，学着做鱼肴（如松子鱼）。师傅炒菜时，他就站在旁边看着，遇到不懂就问师傅，师傅乐于解答。仙泉酒店的先进管理理念让他获益匪浅；经营手法和服务质量让他拓宽了视野；跟众多名厨学习让他的厨艺不断提高；庞大的客源为他积累了深广的人脉。就这样，关永忠凭借着勤奋与努力，慢慢在厨房里成长起来。2000年后关永忠先后在东城酒店、聚贤酒店担任副厨。2005年，他来到了哥顿酒店（五星级）任主厨一职，不久转任中国银监会顺德干部培训中心总厨。

随着厨艺的不断提升，在继承传统的基础上，关永忠开始尝试粤菜的创新。在一次朋友聚会上，关永忠集中展示了他的系列创新菜——黑松露焖青头鸭、黄沙蚬焗大鱼头、金榜牛乳蒸桂花鱼、柠香墨鱼蒸牛腩、海味农家杂菜煲、香煎蟹子鱼饼……其中，金榜牛乳蒸桂花鱼用牛乳饼蒸鱼，把牛乳饼蒸融，以牛乳蓉滋润桂花鲈的鱼皮，使之不易被蒸破裂，乳香和鲜味还可以沁入鱼肉内，即使蒸得稍微过火，鱼肉也不致蒸老。黄沙蚬焗大鱼头也是双鲜合体的佳肴：鲜美的蚬汁让大鱼头鲜上加鲜；而丰富的铜质让此菜更添养分，与鱼头富含的卵磷脂和脑后垂体素构成"营养共同体"；经蚬汁滋润的鱼唇、鱼面颊、鱼头云（鱼脑髓）更是"又肥又嫩又滑"，美得让人搜肠刮肚也找不到恰当美妙的

鲮鱼蒸猪颈肉

词汇加以形容。他的蟹粉陈皮红烧肉被评为"十大顺德创新菜"之一。

关永忠不愿做"井底之蛙"。他经常出外参加厨艺比赛和进行厨艺交流，通过"与高手过招"不断磨砺自己。2013年，他两度成为中央电视台大型美食节目《味道》的特邀嘉宾。2014年，关永忠先后获首届中国烹饪铁人赛优胜奖，"星英半岛杯"第二届陈村花卉美食烹饪大赛专业赛一等奖，南番顺[①]港澳台名厨精英至尊奖、团体金奖，广州番禺名厨协会5周年庆典暨厨师协会厨艺大赛个人特金奖。同年，他被授予"中国烹饪大师"称号。2015—2020年，关永忠还获得仟味浓汤宝"六江名宴汇羊城"个人特金奖、第二届"南粤厨王"称号，成为"南粤厨王功勋人物"。2016年，在湖北宜昌举行的中国厨师节上，关永忠被中国烹饪协会授予"中华金厨奖"。他还有数不清的荣誉称号和光环。

2015年开始，关永忠多次代表顺德区前往贵阳、云浮、台湾等地进行美食交流，在推广顺德美食文化的同时，学习不同地方的烹饪技巧，为顺德菜的创新作出贡献。

4年前，意识到推广顺德美食文化重要性的关永忠，开始走入更多人的视线。进校园展示顺德美食，参与高层次人才烹饪培训班，线上线下开展厨艺教学……渐渐地，业务能力强、教学水平佳的关永忠受到越来越多的学生欢迎。他说："看到他们愿意学，我也教得更开心。"

近些年，随着"粤菜师傅"工程的开展，关永忠接触到不少来自贵阳、凉山等地的学生。这些学生有些在乡下开小饭店，有些是酒楼里的厨师。而无一例外的是，他们是在顺德美食的吸引下来到顺德学习厨艺的。每当看见学生们学成归去发来的问候信息，关永忠感到十分欣慰，"看到他们学有所成，我心里是满满的成就感"。

"顺德名厨"关永忠

---

① 即南海、番禺、顺德。

如今，关永忠最大的心愿是"长江后浪推前浪"。在传承顺德美食的路上，关永忠已走了28年。他深知，这条路要走得好，需要更多的年轻人加入。关永忠希望，在自己的努力下，越来越多人会爱上顺德美食，加入传承的行列，创造出更多新潮顺德菜，把顺德美食这条路走得更宽更广。

为此，他参与了更多的社会工作，担任了更多的职务。现任顺德厨师协会副会长的关永忠，还担任广东省餐饮服务行业协会第二届职业经理人专业委员会委员，后任广州电视台《揾食珠三角》节目、佛山电台《百味家常》节目的嘉宾，还成为顺德电台《粤食粤精彩》节目的常驻嘉宾。在担任过多届顺德各镇街私房菜大赛的评委后，2020年，关永忠被顺德职业技术学院聘为中式烹饪教师。在推广粤菜和培训师傅的路上，关永忠不遗余力，正奋力前行。

第二十二节　潜心厨艺的实力派大厨何庆朝

"到聚福名苑探店，采访黄连厨师何庆朝，一位70后顺德厨师坚守顺德味道，不断提升和创新，传统与创新巧妙结合，在其出品中体现得淋漓尽致。"这是顺德职业技术学院酒店与旅游管理学院院长甘慕仪老师对何庆朝师傅的评价，写得相当到位。

何庆朝，1978年出生，黄连人。自幼深受"厨师之乡"黄连浓厚食风熏陶的他，从小喜欢烹饪。他的祖父是个乡厨，以上门替人操办筵席为业。母亲善于做菜，拿手菜是烹制三杯鸡，能用"碌"和"浸"的不同技法做出两种不同的风味。何庆朝小小年纪便表露出较高的烹饪悟性，一次"偷师"，便发现了母亲调味的"秘密"，就是在用生抽、糯米酒、糖给鸡调味的同时，还滴入几滴白醋。何庆朝悟到，白醋带出了鸡的鲜味，如同中药有药引一样，原来调味也有"味引"的。他还发现，三杯鸡加热后吃格外味美。还在学生时代，何庆朝已小试"鱼"刀，学会了切脍做鱼生。

高中毕业后，何庆朝被顺峰北京总店主厨张鉴根团队"拉"了出去，步入了饮食业。之后，他与许多黄连厨师一样，到多家餐饮名店去历练和学艺。他到过佛山城南山庄、番禺海星、石家庄鲤鱼门、顺峰旗下的东方明珠、顺德阿二靓汤、番禺滋粥楼、中山金龙门、顺德东逸湾等店从厨，厨艺渐臻娴熟。何庆朝在多年磨练中开阔了眼界，积累了丰富的经验，一直扮演砧板师傅的角色。"作为'头砧'，我除了精心做好'食材美容师'之外，还要用心把控好店里的成本核算，把控着店里的赢利，可以说重任在肩。"而候镬烹炒的功夫，也因长期淬励而大增，与精湛的刀工成为何庆朝一双强劲的辅翼。刀工与勺工俱熟，使何庆朝成为实力派大厨。

何庆朝有自己的做派，为人低调踏实，不务虚荣，潜心钻研厨艺，苦练内功。正是凭着务实稳健的作风和强大的实力，何庆朝被聚福山庄餐饮集团高层委以重任，出任聚福名苑总厨一职。他说："当总厨，最重要的是把自己的经验，包括心态、手势、技法传授给团队里的所有成员。以前没人教，全凭自己去领悟和摸索，经过多次失败才摸出一些门道来，探索出一个标准。现在要传授给手下的厨师，以免他们走弯路。"

回顾自己的从厨经历，何庆朝认为，让他得益最大的是两家名店：首先是番禺滋粥楼。滋粥楼烹饪有明确的标准，出品管理有规范。何庆朝笑言自己在滋粥楼"开了窍"，懂得了做菜首先要学会做人做事，懂得发挥团队的战斗作用。其次是顺峰。顺峰编写了一本影响很大的《顺峰餐饮服务管理规范》。

何庆朝说："在管理方面我学到了不少东西。"作为总厨，何庆朝认为要按自己的味觉把控出品，菜品经多次尝试取得

实力派大厨何庆朝

成功才可以推出飨客。何庆朝工作服的小口袋里总插着一把小羹匙，随时用来试味。他做事有一条底线，要做到问心无愧，对得起老板，对得起团队，对得起食客。

何庆朝主理厨政的聚福名苑被定位为顺德味道的展示馆。他有一个理念：做地道的顺德菜，不能偏离顺德菜本来的味道。这就要守住顺德菜的根，守住顺德菜之魂，然后在此基础上加以适当升级，融入一些新味道，以跟上时代前进的步伐。何庆朝举例说："阿妈当年做的农家菜白醋煮鲩鱼现在已经摆不上台了，我就把它改为白醋煮龙趸，加入自腌的酸子姜。"又如手抓乳香肉，是传统勒流乳香肉的旧菜新做，融入了某些北方菜元素，用吃北京烤鸭时用的薄饼夹住炸乳香肉蘸酱吃，用以解腻。炒香的生菜包馅料用洋葱瓣包着吃，可口，脆甜而不辣。他把顺德传统鱼云羹升级为花胶鱼唇羹。有人写诗赞美："汤羹极品美难描，似玉如脂分外娇。最妙轻亲鱼面颊，一沾芳泽便魂销。"此外，何庆朝的拿手菜还有石锅安格斯牛肉粒、艾香脆皮糕等。

作为一个中生代顺德厨师，何庆朝的厨政厨艺处于上升期，未来会更好。

第二十三节　不断提升菜品质量的顺德名厨何建辉[1]

每天上午八点半，何建辉开启一天的忙碌。作为佛山市味至臻餐饮管理有限公司（简称"味至臻"）出品总监，何建辉在巡店路上来回奔波，虽然没有了往昔灶台烟火气的大汗淋漓，却多了品控见诸细微的从容自若。从厨师到管理岗位，何建辉30多年的从业经验让他底气十足——擅长从细微处把控质量，

---

[1] 本节内容转引自勒流街道宣传文体旅游办公室、珠江商报社编《勒流厨师故事》，广东旅游出版社，2022年，第132-135页。

研发更好的菜品。

1987年,一部日本动漫激发了何建辉的兴趣和职业憧憬。这部动漫叫《伙头智多星》,讲述天才少年味吉阳一继承亡父创办的餐馆,认真钻研烹饪技术,并与世界各地名厨对决的故事。透过动漫,何建辉感觉到厨师特有的魅力,加上受从事餐饮业的兄长影响,便入了行。

从基础学起,从小事做起,何建辉一步一个脚印,踏实地学习烹饪技巧。每次协助师傅烹饪好一道菜肴,获得客人的好评,何建辉的心情会十分喜悦。他说:"受到的表扬多了,就会更加努力鞭策自己不停地进步,要做得更好。"

"顺德名厨"何建辉

学有所成后,何建辉先后在多家餐饮企业任职,接触不同事物,掌握更多技能。在顺德旅游中心,何建辉负责中西餐、消夜的烹调;在一家粤菜酒楼,他认真学习粤菜,逐步精进粤菜烹饪技巧;在一家海鲜酒家,他学习处理海鲜的方法……身处不同环境,练就不同本领。

2006年,何建辉前往北京,在北京顺峰山庄工作了7年。他说:"在北京顺峰山庄学到的东西终身受用。除了提升厨艺外,顺峰山庄的管理模式让自己深受启发,帮助培养了管理理念。"这为何建辉后来转换角色进入管理岗位打下了基础。

2018年,何建辉到味至臻出任出品总监。来到味至臻,他打开了一扇与烧腊接触的大门。他对烧腊有一种独特的情怀:"小时候,吃一顿烧腊便是一种幸福。"他现在想要把这种幸福的味道传递下去。

烧鹅是味至臻的拳头产品。这道菜式采用新鲜活宰的马冈鹅,经过粗加工,加入上等陈皮和十几种香辛材料腌制,缝针、打气、烫皮、上皮水、风干等一系列操作后,再挂进烧烤炉高温烧制。火候与烧制的时间控制非常重要,若是时间不够，里面的肉可能会不熟，过火则表皮不脆。何建辉说，一只鹅需要历经 10 多道工序，耗时至少 10 个小时才能出炉，少了其中一道工序，便会影响烧鹅的质感，很考验厨师的细心与耐性。

在巡店时，何建辉会特别留意当天烧鹅的出品，从细微之处把控烧鹅的味道，让顾客能够吃到美味佳肴。他说："现在主要做管理工作，但是过去 30 多年的厨师经历给自己提供了很好的经验。做厨师学习到了烹饪方法和团队沟通、管理方式等。"他凭借这些难得的经验用心带好厨师，并站在客观的角度提升菜品味道。

每隔一段时间，何建辉便会带领团队研发推出新品。为了一道咸香鸡，他曾经与团队外出取经，不停尝试，耗时两个月才研发成功。何建辉说，他的职责和心愿，是不断提升菜品质量，让食客吃到更好的顺德美食。

作为厨师，何建辉的拿手名菜有鲜花椒蒸大头鱼、黑松露乳鸽等。这位"顺德名厨"获 2014 年"远航杯"饭香刀美食烹饪大赛三等奖。他还参加了容桂街道第一届"万和杯"职工厨艺大赛，现场制作的黑松露乳鸽获得了银奖。

第二十四节　文人厨师蔡任平

蔡任平生前给人的印象一直是位谦谦君子。他从不以顺德书法界泰斗自居，也从不居高临下地摆出一副"独步书林，舍我其谁"的架子，而是乐于以砚为田、以书会友、以书悦人而自娱。

出生于 1909 年的蔡任平童年生活多舛，早早就踏足社会当"后生"（童工）。然而，书画艺术对他的诱惑却是与生俱来的。曾经，为了年终能给家里挣点钱过年，他与一位相中他一手龙飞凤舞的好字的中年人合伙摆摊写"挥春"。生意出奇的好，顾客边欣赏蔡任平飘逸的字体，边问及他的名字。他无暇应答，加之嫌本名"炳权"的繁体字笔画太多,写与顾客时太碍事,遂将名字改成了"任平"。

除夕夜到了,该收摊回家了,可赚来的钱却大部分被中年人卷走了。几十年后忆及此事,蔡任平却大度地说:"这是我踏足社会交的第一笔'学费',况且,我不是'全军覆没',我赢在打响了'蔡任平'这个品牌。"

蔡任平当过厨师,能操一手精神的刀工。为了生活,他辗转顺德多个镇区工作,还曾在中山生活过一段时间,并在那里觅得心中的至爱。夫妇二人相濡以沫,携手笑对人生风雨,相扶共涉生活崎岖之路,终于迎来与儿孙及满座高朋同庆"金婚""钻石婚"之喜,为顺德文艺界留下了温馨而又让人称羡的动人佳话。

天资聪颖的蔡任平记忆力特强,即便与他仅有一面之缘,十数年后相见,他仍能准确地叫出对方的名字。在中山生活期间,他结识了当地诗、书、画俱佳的名士余菊庵,并与之切磋古典诗词。此后,两人鸿雁往来未曾间断。数十年后,蔡任平于古诗词一道已是功力深厚,并准备出版《鲁斋吟草》。这其中,蔡任平保留了一个未为外人道的秘密:将词韵词谱制成小卡片放于口袋中以便随时默诵,其劲头与初学外语者探囊取卡片默记单词异曲同工,其锲而不舍的苦学精神可见一斑。

中华人民共和国成立后,蔡任平先后在勒流、陈村等地生活和工作。他无师自通,学会了裁缝和装裱字画并传授于人。在陈村供销社工作期间,他做过宣传工作。一手漂亮的毛笔字让他如虎添翼,工作做得有声有色。在勒流黄连工商联合作管理委员会工作时,他又自学了财务会计知识,并两度主持培训班培训财务会计人员。他广泛的兴趣和过人的悟性为日后参悟古人的法帖扬起了风帆。

1964年,蔡任平居家养病,籍临池锻炼,遂致力于书法活动,以章草、今草、行书结体参差错落,不露斧凿痕迹,尤以行书专长。他只凭自学无所师承,代表作品如《书李清照壶中天慢词》等长条幅。书作除曾参与国内国际的书展及大奖赛外,发表于下列书报:《全国第一届书法篆刻展 览作品集》《纪

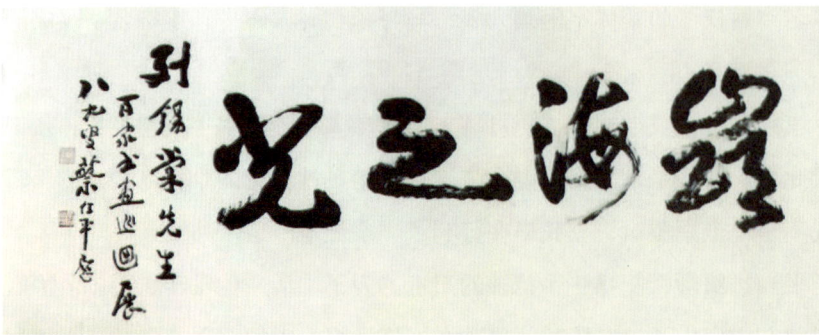

蔡任平书法作品

念孙中山先生120周年诞辰中外书法家作品选集》《战友科学文化》《红棉风调——广州诗社成立五周年纪念特刊》《广东画报》《羊城晚报》《书法报》《海南日报》《深圳特区报》《人民日报（海外版）》等。传略及作品被载入《中国当代书画家大辞典》《中国当代文学艺术新闻人才传集》《中国现代书法界人名辞典》《中国当代书法名家墨迹》《全球当代诗词选集》等。他在胜地刻碑和被名馆收藏的作品也不少。

身为中国书法家协会会员，蔡任平认为：写字是人生大事，千万马虎不得。他曾参加一项省市书法界的盛事——一幅已装裱好的几米长卷，上有众多名家题字，最后请他添上压轴的几笔。他深知这个"收篇"只能写好不能写败，否则，整幅作品就会因他而毁。另一个"开篇"的故事发生在于顺德举办的第五届中国"花博会"期间，当时组委会为纪念盛事而策划了一个"百米长轴"，现场挥毫汇聚国内众多名家墨宝，蔡任平应邀写"第一笔"。当日天气炎热，百米长布就铺在地下，九旬老人就蹲在地上，抖擞精神挥写一首咏花诗，为长轴开了个好头，赢得了满场喝彩，掌声雷动。

随着家庭生活的稳定，蔡任平与艺术界人士的交往也更频繁、广泛起来。很多时候，他觅得三两知己，总喜欢邀往家中，并亲自下厨掌勺，施展当厨师时的绝活，炮制几款色、香、味、形俱佳的菜式，与朋友一起把酒论道，通宵达旦而相谈甚欢。曾经，他与何磊、卢传远两位画鱼大师一道，春节期间一餐打鱼边炉,话题从画鱼的心得经验开始,到宰鱼切片的刀工,再到食材的搭配和配料的选择,又再到火候的掌控,滔滔不绝。待到一碟碟鱼片、鱼骨准备就绪,一盆盆生菜、茼蒿、生葱、芫荽分列桌旁,一声"起筷"响过,大师们才从容不迫就座。他们都是吃鱼火锅的老手,经验丰富,颇懂吃与品的频率与节奏,中场随手切上一碟过火就熟的腊肠腊肉以凑个"鲜"字来调节口味。其间边推杯换盏边品评字画、吟诗作对,雅兴由入夜开始,马拉松式一直延续到翌日凌晨四时。文人食鱼,食出了历史、品出了文化,食出了时尚、提升了档次,因而在黄连文坛及厨林传下佳话。

第二十五节　巾帼不让须眉的女中厨杰

自古以来,从事厨师这个职业的人绝大部分是男性,女性寥若晨星。不过,在唐宋时期,曾出现过较多的女厨。在唐宋时期,如果被皇上选到皇宫为其做饭的,就会成为令人羡慕的职业"尚食娘子",而为朝廷官吏家做饭的人则被称为"厨娘"。"厨娘"这一行业成为唐宋时期一个很时髦的行业,"厨娘"在都城形成后,迅速向其他城市传导。唐朝房千里在岭南当官时,曾写过《投荒杂录》记载了岭南人争相培养"厨娘"的事。这一行业成为岭南一个风靡一时的行业。当时岭南地区无论贫富之家,教女孩子都不以针线活为基本功,却专门培养女子做饭的本领。如果一个女子能做一手好饭菜,那她就是远近闻名的"大好女子"。女子会做饭也成为岭南地区婚聘的一个条件,很多男子找老婆,会做饭的女人优先。即使"裁剪补袄一点儿不会,可是修治水蛇黄鳝却一条必胜一条",这样的女子不愁嫁。

黄连远承岭南"厨娘"的遗脉,黄连的家庭妇女天天挥勺炒菜,厨艺自然不俗。不少黄连大厨屡屡声称自己的烹技私授于家中母亲,甚至把自己做的菜称为"阿妈菜"。例如聚福名苑总厨何庆朝的拿手菜三杯鸡就是从母亲那里学来的。早在学生时代,他已经学会了做鱼生。当了大厨后,他把母亲擅烹的农家菜白醋煮鲩鱼升级为白醋煮龙趸飨客。在历届顺德私房菜大赛中,参赛的黄连女选手都比男选手多,更不用说为她们而专设的"三八妇女美食比赛"和"妈咪厨神大赛"了。广绣坊的绣花姑娘在比赛中成功地复制了改良版的历史名菜黄连三拼烧,厨艺之精让评委也啧啧称奇。文员出身的钟秀云以其拿手菜鲮鱼双宝获第六届顺德私房菜总决赛亚军;在顺德"妈咪厨神大赛"总决赛中,又以大豆芽菜炸肉松荣获季军;又在勒流街道"庆三八家庭厨艺大赛"中获一等奖。这位业余厨艺高手还匪夷所思地获得了国家高级烹调师职称(中级)。这位温文尔雅、和蔼可亲的勒流"最美女性"还把厨艺传授给儿子刘家勇,并参与"刘绍华'粤菜师傅'大师工作室"的日常工作。家庭妇女是黄连厨师的强大后备军。在众多的农村烹饪服务队中,她们至少占据了半壁江山。下面着重介绍她们中的几位典型代表。

一、黄连女厨的"祖师婆"

伍结是当年靠卖竹升云吞面起家的金钟记茶楼老板张敬衡的夫人。虽然金钟记有一众大厨而用不着老板娘挥铲上阵,但伍结却是不折不扣的女厨师。她的拿手菜酥炸春花肉、网油炸春花肉当年在黄连是响当当的且成为金钟记的招牌菜之一,到80多岁高龄还炸卖不辍。如今,其孙子张贵贤在自己的敦煌酒家出品飨客的招牌菜杏片香酥角拼春花肉中的春花肉,就是继承了伍结当年制作的精髓。其另一绝技是炸虾蟛,就是将面粉开成浆,

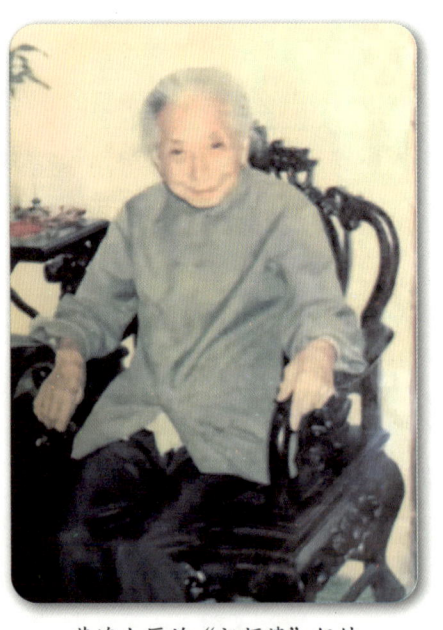

黄连女厨的"祖师婆"伍结

用一只上宽下窄的圆台形长柄器皿，盛少许面浆铺过底，放在热油面上烫热，让面浆受热至微微起焦，提起器皿，把已调味的馅料（番薯粒、芋头粒）放入器皿中，淋入面粉浆，放上带壳中虾 4 只，然后持柄把整只器皿浸入热油内，浸炸至呈金黄色，取起滤油后，把器皿往硬物上一敲，虾蟛便脱器皿而出。

伍结身板结实，勤劳一生，在厨房工作至临盆的时刻，在产后第四天便到店里下厨"洗手作羹汤"了。后来家人打趣她的儿子张锦根"在娘胎里已经开始从事饮食业"了。张敬衡和伍结的女儿张燕琼（绰号"大眼琼"）和母亲一样，虽然不用在厨房帮忙，但从小耳濡目染，养成了绝妙的砧板工夫，杀鸡宰鱼时手脚麻利、敏捷，不输男砧板师傅，活脱脱一个水台"替补"。伍结，堪称黄连大厨的"祖师婆"。

二、鼎力炒镬女厨师

何淑英以女性柔弱的身躯干男厨繁重的候镬职务，渐擢升为 20 世纪七八十年代勒流最高食府——鼎力的总厨。"家姐"（何淑英）与经理兼头砧张远并肩作战，配合默契，相辅相成，共同撑起酒家的一片蓝天。"家姐"用坐镬燃木柴炒菜，善于炒水蛇片，拿手菜还有蟹黄扒竹笙（竹荪），擅长"炆嘢"。现今聚福山庄饮食有限公司出品总顾问吴添权大师（获"大中华殿堂级名厨"称号）回忆其在鼎力学厨时，有幸在工作间隙从旁目睹"家姐"烹制炒水蛇片、荔蓉香酥鸭、霸王大鸭等传统名菜的精彩过程，只见她目光炯炯，神情专注，心无旁骛，身手敏捷，从而领悟到烹饪一定要专心致志的道理。何淑英一生务厨，一直做到荣休。

三、"打荷王"

何丽英老家在将军庙附近，是何氏"厨师一族"中的女将。她性格豪爽，快人快语，眼明手快，心思缜密，善于抓住关键，透过现象看本质。1986 年，她在黄连翠园酒家做楼面经理。1993 年在南海海岸海鲜酒楼跟名厨麦显勤学艺。1998 年入顺峰，负责打荷。其实打荷这一工种还是挺重要的。"打荷王"

这样概括这项工作的精髓和要诀：打荷指挥上杂①，做到整个烹饪流程有条不紊；打荷还要与楼面衔接，决定出菜程序；一道菜能不能出，由打荷决定。她还现身说法，谈及在大酒楼里做打荷时要熟记几十间包房的名字和众多餐桌号码，一点差错都不能出。正是在多年实践中把这项精密的工作做到滚瓜烂熟，做到炉火纯青，她才被同行称誉为"打荷王"。她笑着说："外出比赛时，往往组成砧板、打荷、炒镬三人团队，得奖了，荣誉却与打荷不沾边。"

四、善烹鲍鱼的女"易牙"

张少容（人称"姑姐容"），是张氏厨师世家的第二代传人。她是"黑珍珠二钻餐厅"勒流东海海鲜酒家上杂师傅。从16岁开始学厨，从打杂到打荷，再到下杂（职位较低的厨工），直至上杂，主要负责蒸制各类菜肴。当了上杂后，张少容学会了烹制名贵的鲍参翅肚极品菜。她用女性的细心，一步一步地学，成了擅烹鲍参翅肚的能手。她站在上杂这个岗位上从未被取代，"任凭风浪起，稳坐钓鱼船"。

她说："当时我的亲戚在勒流侨社工作，问我是否愿意学厨。他说，做点心的话早上三四点就要起来，做厨房的话早上正常上班时间来就可以了。我选择了做厨房，当时年轻，不想那么早起床。"虽然说不用早起，但从厨房基层做起也是相当辛苦的。"洗菜、清洁、煮饭、卖送（捧菜到楼面），什么都要做，而且要认认真真地做。从上班到下班，没有一分钟的休息时间。"过了几年，她从下杂提升为打荷，负责将切好配好的原料腌好调味、上粉上浆、用炉子烹制、协助厨师制作造型等工作。

后来，张少容被提升为厨房上杂，主要负责各种蒸品。30桌的宴会，全部蒸品由张少容一人负责是经常的事情；双手捧起六七层蒸笼、爬在凳子上处理蒸笼菜式也是张少容在厨房里经常出现的姿势。

"遇上几十桌宴会时，两个炉子一起开，两边分别六七层蒸笼，双手捧到

---

① 指厨房里专门负责蒸制各种菜品的师傅。

张少容

炉子上。"她说:"蒸品也很讲究,第一需要掌控火候;第二需要思考的是,蒸的时间长一点的要放到靠下层,蒸的时间短一点的要放到靠上层。因为蒸笼五六层那么多,所以时常要搬来凳子踮起脚后跟去看各种菜蒸的情况。就算现在用蒸柜了,也一样需要凳子来帮忙。"因此,在厨房里,常常出现她爬高爬下的身影。升为上杂后不久,张少容又有机会学习烹制鲍参翅肚。"当时学习还是有点紧张的,毕竟这些食材都是比较名贵的,一旦烹制失败,那就浪费了。"张少容一步一步用心地学,到现在,已经是烹制鲍参翅肚的能手了。曾有美食家称之为"擅长烹制鲍鱼的女易牙"。

张少容说,烹制好的鲍鱼必须用心、有耐性、舍得花时间。一只干鲍从浸泡到上桌往往需要几天的时间,少点心思也烹制不好的。

五、擅长厨政管理的高材生

陈霜银虽非厨师,却是指挥厨师的餐饮服务管理业的佼佼者。毕业于中山大学现代酒店管理专业的陈霜银20世纪80年代任勒流侨社经理。1983年,

"大家姐"陈霜银

中央电视台把勒流侨社制作的美食鲮鱼宴①搬上了荧屏，陈霜银就是该宴的创作监制人。转到大良的阿二靓汤做经营管理工作后，陈霜银继续把勒流鱼宴发扬光大，推出美食鳙鱼宴，并向澳大利亚、美国、日本等国家和我国港澳地区的食客和传媒推荐。其中，澳大利亚电视台还通过卫星，向该国观众直播美食鳙鱼宴的实况。

这几位巾帼"厨神"，堪称黄连厨中女杰，让人敬佩，让人改变了重男轻女的传统观念。在厨房这个传统的男性世界中，在三尺灶台旁，女子占有一席之地，其飒爽英姿构成了一道亮丽的风景；其执着的坚守、不变的初心、精湛的厨艺、辉煌的业绩都可圈可点，真是"巾帼不让须眉"。

---

① 其菜单：锦绣拼盘（蚬蚧鲮鱼饼、侨社招牌鸡、葱蛋煎鲮鱼肠）、发财鲮鱼羹、清蒸大鲮公、碧绿炒鲮球、家乡酿鲮鱼、翡翠炒绉纱鱼卷、迎来鱼米乡（鲮鱼青鱼子）、鲮鱼（骨）上汤浸时蔬、美点双辉（上汤菜远鱼皮角、葱香鱼肉包）和岭南佳果。

第二十六节　三代从厨的梁氏

在黄连，有三代掌勺的厨师世家，其"开山祖"姓梁，名焯坤。他与当时黄连名饭店"连溪楼"有过一段缘分。

梁焯坤是北头人，其父梁荣举是民国时的乡间高厨，耕作之余常为街坊邻里和周边村镇有需要者提供"到会"服务。梁焯坤及其弟梁焯垣从小追随父亲左右，成人后子承父业，也在农耕之余执厨师之业并为喜庆之家提供"到会"服务，且兄弟俩还兼擅泥瓦活而一专多能。

让我们穿越回1979年，改革开放号声嘹亮之际，得风气之先的黄连大队领导班子经讨论决定开办集体企业——连溪楼饭店。饭店第一任经理为龚炯林，第二任经理为何锡林，副经理何培林（绰号"豆皮林"，当年雄鹰篮球队的名将）后接任经理。

与当时黄连供销系统所属的老字号天元茶楼的阶砖地面、青砖瓦盖顶、"大通铺"式没有房座的硬件设施相比较而言，连溪楼为钢筋混凝土结构，楼高三层，大厅之外另设有厢房，通爽敞亮而显得气派高雅时尚得多。来这里或饮茶，或接待亲朋，或喜庆设宴，都会觉得优雅体面舒服得多，因而饭店甫一新张即让黄连及邻村食客心向往之、趋之若鹜。曾几何时，连溪楼顺理成章地成为黄连人以及邻村村民婚庆嫁娶、寿宴、弥月喜酌款待亲朋的首选之地。梁焯坤是连溪楼首批厨师之一并担纲头镬。其时的厨师团队先后有梁国忠、何南珠、龚兆雄、龚伟雄、萧志生、关荣佳、关广佳等成员，点心师傅有萧锡强、何子骚等人。

20世纪80年代前后，农村大多家庭遇有喜庆摆酒席，通常在自家甚或借助邻家厅堂请厨师"到会"主理。这就为厨师们提供了兼职的舞台。梁焯坤也经常利用休假日干起了"到会"的老本行。离开连溪楼后，头脑活泛的他专司"到会"营生，顺带提供桌椅碗碟酒杯等餐具租赁一条龙服务。他儿女众多，偏偏就有女儿梁瑞荷小小年纪就跟随父亲参与"到会"业务，负责打点餐具配套事宜。并不忘见缝插针地向正在炒菜的父亲"偷师"。平日里，梁瑞荷已对哪类碗碟盛载什么菜式、可配合什么造型和一桌酒席所用的食材分量等知识了然于胸。"到会"厨师依惯例在宴会前与主家协商酒席的单价与菜式的选择。作为父亲助手的梁瑞荷日久天长逐渐掌握了包括成本核算等经营之道。结婚后，梁瑞荷女承父业组建烹饪游击队。接到业务后，她除了指挥调度操控整个"到会"流程外，还亲自挥铲炒菜，尽显巾帼厨师的风采。

20世纪90年代中期，连溪楼转由个人承包，先后有曾祥、刘彦钊、廖伯纯、廖超伦、梁庆钊、梁元等股东组合不同时段分别承包，再后来老板换成曹昭文、曹顺文（"奥巴顺"）。其间，"奥巴顺"将饭店易名为"祥顺饭店"。

2016年，"奥巴顺"将祥顺饭店迁到宽敞的光大创世纪新村美食街，连溪楼的历史也因而画上了句号。

连溪楼当年性质为集体企业，而改革开放初期黄连私营饭店的开山鼻祖当属红棉饭店。

红棉饭店毗邻连溪楼，由何方、罗永良（二人俱为当年雄鹰篮球队的猛将）和冯家成等9位股东合作创办，厨师团队由何方、何兆权（绰号"权头"）、罗永康等人组成。限于当时的消费和食材条件，红棉饭店的菜式以小炒为主，以鸡鸭鱼肉为主要食材，但因厨师厨艺精湛、镬气足、出品佳而大获食客青睐，一时风光无两，客似云来。饭店的招牌菜有白切鸡、酸甜排骨、子姜炒牛肉，顾客品尝过后直觉得到店消费已获得今天到星级饭店用餐的享受。随着消费水平的提升，红棉饭店的菜谱也出现了盘龙鳝、荷叶蒸水鱼等较高档菜肴，生意也更为火爆，堪比今天的网红店。

红棉饭店当时成为华天宝药厂、黄连纸箱棉织厂、建华电子厂等知名企业接待客户以及供销员洽谈业务的心仪之地。尽管由于种种原因，红棉饭店今日已不复存在，但仍储存在黄连人的记忆里。

第二十七节　长袖善舞的餐饮业帅才张兴藻

前文已经提及,在黄连厨林中,曾出现一位毕业于中山大学现代酒店管理专业,虽非厨师出身却是指挥厨师的餐饮服务管理业的佼佼者——陈霜银。她为人津津乐道的业绩莫过于1983年策划的顺德美食鲮鱼宴被中央电视台搬上了荧屏,向全国播放。一炮而红之后,她更主持推出了美食鳙鱼宴,并向澳大利亚、美国、日本等国家和我国香港、澳门地区的食客和传媒推荐。其中,澳大利亚新闻电视台还通过卫星向该国观众直播美食鳙鱼宴的实况。

下面向读者推荐的,是一位既非厨师出身更非"学院派"却擅长制定大的战略方向策略的餐饮业帅才——张兴藻。

出生于1936年的张兴藻,不惑之年后一直在广州打拼,凭着卖雪条(冰棍)积累了第一桶金。他于1978年创办牛肉馆,旋即先后有合资企业翠园酒家、广州第一家私营西餐厅花城西餐厅、广州第一家私营外汇商场嘉宾商场(设有4家分场)、嘉宾餐馆、盛世金堂酒家、宝汉园林酒家、东湖酒楼、锦带河饭店、宴龙酒家,以及春满园茶艺馆、大都装修工程公司、格林螺旋风管厂等,不一而足。改革开放后,他先后创办的企业共有28家,员工总数达万人。

位于前进路的宝汉园林酒家设有800余个餐位,其古色古香的装修格调中透视出富丽堂皇的皇宫气派,服务员也是一色宫装打扮。诸如"藏经阁""文华阁""宝晶宫"等典雅的厢房命名折射出大气的文化韵味。这些无不出自张兴藻的思路。为了提升员工的整体素质,他还成功地从中国大酒店等高档酒店挖来一批服务员、名厨及高层管理人员,分别充任宝汉园林酒家的服务员、行政总厨乃至副总经理。

张兴藻

宝汉园林酒家开业盛况

张兴藻创办宝汉园林酒家与同乡萧国伦有一段缘。1988年某日,时任珠海市斗门红旗糖厂(前身为顺德伦教糖厂)供销科科长的萧国伦因公出差广州,碰巧到张兴藻位于前进路的嘉宾餐馆用餐。其间,嘉宾餐馆雅致的装修格调、浓郁的文化氛围、优良的出品、细致暖心的服务态度给萧国伦留下了深刻印象。此后,每次到广州出差,萧国伦都选择到嘉宾餐馆用餐。次数多了,他自然而然地打听起餐馆老板的相关信息。张兴藻获悉后,特地赶来与萧国伦相见。双方落座打开话匣子,才知彼此同是黄连人,真是相见恨晚。聊起天来,两人颇感投契,此后遂成莫逆之交。

终于,在萧国伦又一次用餐完毕后,张兴藻向其提出了与红旗糖厂合股开办以港澳旅游团队为主打消费对象以赚取港币的高档酒家的构想。萧国伦听后也是兴趣盎然,于是马不停蹄地赶回厂里向厂长汇报去了。

听完萧国伦的详细汇报后,厂长专门召集领导班子会议讨论国营企业与私企合股组建酒家事项。最终,红旗糖厂与张兴藻签订了共同开办宝汉园林酒家的协议,其中红旗糖厂占股60%,私企占股40%,由红旗糖厂厂长出任董事长,萧国伦(员工称其为"萧伯")出任副董事长,张兴藻(员工称其为"张叔")出任总经理。在经营策略上,定位为高档酒家,为港澳旅游团队量身定做推出单价港币 2000 元的满汉全席和佛跳墙等高档菜式。为招徕客源，张兴藻花了大量心思，出了不少金点子，如请来歌手，营业时间在酒家大厅让顾客随点随唱粤曲或港台流行曲；为前来就餐的港澳旅游团队成员免费派送小金佛，并专门请来广孝寺的高僧逐个为他们开光。此举大获游客的欢心并增强了酒家的气场。

一流的就餐环境叠加优良的出品和高性价比，让宝汉园林酒家很快收获了口碑而名声鹊起，食客络绎不绝而一天开五市（早茶、午饭、下午茶、晚饭、消夜），简直可以说是全天不打烊。即使这样，酒家往往在午、晚饭市接待游客的围餐时还得安排顾客轮候。

张兴藻勤于思考，长于厨政管理。他当年在宝汉园林酒家每天安排、处理完厨政后，就会坐到酒家门前专属的座位上沏上一壶香茗，然后点上一根香烟，边品茶边凝神思索的样子至今仍让老员工们印象深刻。受张兴藻的影响，萧国伦的小儿子萧锡钊高中毕业即到宝汉园林酒家跟张兴藻学习厨政管理。历经 6 年的淬炼后，萧锡钊先后在沈阳、珠海、淄博等城市，以及顺德渔村、伦教永丰头啖汤、广东东菱凯琴集团接待餐厅等餐饮企业从事厨政管理，且均干得有声有色。

20 世纪 90 年代中后期是建筑业的繁荣时期，那些腰缠万贯的包工头们来到宝汉园林酒家自然也是为了尝玉盘珍馐而不惜腰中钱。由于生意持续火爆，居高不下的营业额令宝汉园林酒家开业仅 9 个月就收回了全部投资。形势一片大好之下，多谋善断的总经理张兴藻却不敢有一丝松懈，而是紧抓出品质量和菜式研发等厨政管理工作。与此同时，他将主要精力放在谋划筹建新酒楼的工作中。

1989 年，张兴藻再度与红旗糖厂携手合作开办东湖酒楼。该酒楼位于海印桥畔的东湖路，毗邻景色秀丽的东湖公园。设有 1000 余个餐位的东湖酒楼的装修风格和经营策略与宝汉园林酒家保持一致，由张兴藻负责经营管理。开业当天，酒楼邀请了时任广州市市长等嘉宾前来剪彩。

已届耄耋之年的张兴藻儿孙辈都早已事业有成。他也早就无需再为稻粱谋。

东湖酒楼开业盛况

嘉宾为东湖酒楼开业剪彩

可是,从2017年至今,他一直都在为筹建从化荔泉度假山庄而奔波劳碌。或许,张兴藻这种不信天命、奋斗不息,对伟大理想的追求永不停止的壮志豪情,为三国时期的政治家、军事家、文学家曹操的诗作《龟虽寿》中的名句"老骥伏枥,志在千里"作了新的注脚。

第三章

黄连粤菜师傅代表菜式及渊源

第一节　黄连烧鹅

一、成名于 20 世纪 60 年代

勒流黄连社区是个有着 1000 多年历史的美食之乡，其烧鹅制作自然源远流长。然而，作为一个烧腊品牌，它还是后起之秀。据野老村氓回忆，黄连烧鹅大约成名于 20 世纪中期，其鼻祖是"烧鹅英"（谭德英）。

据现年九旬的黄世雄老人（家住大良街道隔岗大街大门楼内）说，金龙烧腊店是 20 世纪 40 年代大良的一家店铺，位于大良街道莘村大街口靠华盖路那边。"顺德名厨"龙华的长子龙长说，金龙烧腊店在华盖路口今李禧记蝴蚴店处。楼下做烧腊，楼上做饮食。龙华在此店楼上从厨，改良了大良炒牛奶制法，用该店制作的腊肠切粒做配料之一。据黄世雄老人回忆，金龙烧腊店东主叫潘礼（绰号"蛇公礼"）。潘礼有 4 个儿子：长子潘才，次子潘华，三子潘豪，四子潘翰。1947 年，潘才 28 岁，有管理才能，涵养好；潘华做烧鹅、烧鸭；潘豪烹技出众，更擅长烧腊。据"顺德十大名厨"之首的罗福南说，潘豪的凤城片皮鸡后来被列入钓鱼台国宾馆保留菜目中。他的凤城金钱鸡的制法被载入了《顺德菜精选（广东菜系）》一书，《顺德名厨》有其小传。[①]潘翰也擅长烧腊。

金龙烧腊店原址

[①] 详见梁昌、廖锡祥：《顺德菜精选（广东菜系）》，广东科技出版社，1997 年；廖锡祥：《顺德名厨》，广东人民出版社，2021 年。

后来潘家在大良华盖路（今仁爱医院）处开了金龙大饭店。宿儒李良晖先生认为该店是当时大良最好的酒楼。潘礼与潘豪在此店为厨，而让潘才任司理（经理）。该店名厨有彭煊（"凤城厨林三杰"之一）、霍尧、冯佐（以上三人在《顺德名厨》中有小传）、冯扬（后来在香港开了约10家冯不记海鲜酒家），可见其厨师力量雄厚。

据传，"烧鹅英"曾向其弟妇之兄上涌人"烧鹅允"学制烧鹅。而"烧鹅允"在大良金龙烧腊店做工。看来，"烧鹅英"的烧鹅制作技艺间接源于大良金龙烧腊店之潘氏父子。而"烧鹅英"是黄连烧鹅这个品牌的鼻祖。这样看来，黄连烧鹅制作技艺的传承谱系应当是大良金龙烧腊店潘氏父子——"烧鹅允"——"烧鹅英"——"烧鹅棉""烧鹅强"（"烧鹅英"儿子）、"大头华"（"烧鹅英"高徒）。

"烧鹅沃"于1893年从新会移居羊额开店经营，已有120多年历史。如今其曾孙仍在烤制烧鹅，坚持燃木炭用瓦缸烤烧鹅的传统工艺，并与时俱进接纳了一些广式烧鹅技法，烧出了皮脆肉嫩的羊额烧鹅。而黄连烧鹅的鼻祖"烧鹅英"也是广纳多种烧鹅制作之长。关于他师从何人，黄连耆老的说法有多个

黄连烧鹅

版本,其中之一是他曾拜一位烧制羊额烧鹅的高手为师。[1]

20世纪60年代末,谭德英开了黄连第一个烧鹅档口。这一年,就是黄连烧鹅的元年,他从此被称为"烧鹅英"。他留给儿子、徒弟和食客们最深的印象,便是他对食材的理解与尊重。他的儿子谭永强记得,那还是烧柴火都要凭票配给的时代,"烧鹅英"有一次炖肘子炖了两个小时,临出锅时拿筷子尝了一口,觉得还差一点火候。这时柴火已经烧完了,情急之下,他把厨房里的板凳劈开烧了。他说:"有钱可以再买一张凳子,但做得不够标准,吃起来就不是那个味了。"正是凭着这份对待食物的执着,他才开创了黄连烧鹅这个响当当的烧腊品牌。

二、恪守家训师箴的乡间烧腊高手群体

在"烧鹅英"为黄连烧鹅开创品牌之后,黄连烧腊名师迭出。这些身怀绝技的烧腊师大多不以本名为人所知。他们的名字与自己烤制的烧鹅融为一体:"烧鹅强""烧鹅棉""烧鹅源""烧鹅华"……他们大多没有离开过生于斯、长于斯的家乡,执着地坚守着祖辈或师傅那里传承下来的手艺,有的拒绝我国港澳地区和日本等国家酒楼的高薪礼聘,为的是正宗的黄连烧鹅技术不外流。为了保证烧鹅的质量,不玷污祖辈流传下来的正宗本色,坚持每天限量烧制发售;对鹅的品种,更是毫不含糊。据传很多年前,"烧鹅英"的徒弟"大头华"一次雇人买了20多只肥鹅回来,烧制后才知道这些是江西杂鹅,有异味。为了保证烧鹅的纯洁性,"大头华"毅然把这拨烧鹅全部送人,一只鹅掌也不容流出铺面。"烧鹅强"一直坚持其父"不靓不卖"的原则,宁可不做生意,决不让次品坏了烧鹅的口碑。他说:"我们的烧鹅直到今天用的都是炭烧,采用最传统的工艺。"他们就是这样恪守家训师箴,在思想、业务上"时时勤拂拭,勿使惹尘埃"。这样的黄连烧腊师世代薪火相传,使黄连烧鹅的正宗风味得以保留和弘扬。

---

[1] 见廖锡祥等:《美食勒流》,勒流经济发展办公室编印内部资料,2006年。

三、黄连烧鹅制作的传统工艺

黄连烧鹅在短短数十年间就完成了从乡野烧鹅到烧腊名品的飞跃，主要得益于坚持传统的工艺。

（一）选鹅

广东有清远黑鬃鹅、开平马冈鹅、澄海狮头鹅、阳江黄鬃鹅四大鹅种。黄连烧鹅起初选用的品种是清远黑鬃鹅。黑鬃鹅骨头细脆，肉质香甜，但由于生长周期缓慢，逐渐被生长更快、抗病毒更强的开平马冈鹅取代。

黄连烧鹅一般选用生长期90天左右的鹅。一般挑选脖子比较细、羽毛油亮的鹅，腋下往往有一块较大脂肪块的结实的鹅。这样的鹅生长周期够，上市前没有被猛喂过，因而能够烧出较高的成数（达四成八至五成）。

（二）前期处理

把鹅宰杀后，用60℃—62℃热水烫掉粗毛，用镊子把细毛拔掉；把鹅翅、鹅掌切掉，然后在肛门上方开一个三四寸长的口子，掏出内脏洗净留做卤味。接下来就是在鹅腹内涂抹香料（盐、糖、五香粉、酱油、52度的顺德二曲）。接着用钢针把鹅肚缝好，并用绳子牢牢扎紧。然后给光鹅充气直至膨胀圆鼓，用开水烫鹅，使鹅皮收紧定形。之后用开水把麦芽糖稀释后，兑入少量红醋和白醋，浇在鹅身上，便完成了"上皮水"环节。把上了"皮水"的鹅只挂在冷库自然风干。至此，一只烧鹅的所有前期准备才算完成。

（三）烤制

传统的黄连烧鹅用大瓦缸挂炉，中间的燃料经历木柴、烧炭、木炭的变化，现多选用压缩的麻黄木炭（比较耐火，油烟较少）。一只瓦缸一次能烧8只鹅。烧鹅其实不是直接烤鹅，而是焗鹅。挂炉烧鹅主要利用炉壁温度的辐射热，封存鹅腹的汁水受热后沸腾，内外加热把鹅烧熟。闻到香味，意味着鹅快熟了。把鹅稍加调整后，见到鹅鼻子上冒出气泡，滴出的油汁由浑浊转为清澈，烧鹅就可以出炉了。

黄连烧鹅的风味特色十分明显。皮薄而脆，色调如红玛瑙，呈现宝石般的光泽，鲜红悦目。咬下去香气四溢，肉汁渗出，皮脆肉滑，骨味鲜美。由于烧

"大头华"烧鹅

得够火候,骨髓得以充分凝聚,因而越啃越有味。《2008 顺德美食一本通》这样评论:"坚持不落色素,坚持用'石斑枝'炭火烤制的勒流黄连烧鹅,就是因为多了一分坚持,让传统的珍味永恒。"[1] 2015 年,烧鹅被评为"全民最爱十大顺德名菜"之一。有诗咏黄连烧鹅:

> 浓香袅袅诱醇醪,羽化羲禽[2]品位高。
> 皮薄色红光可鉴,宛如佳丽着绸袍。

第二节　黄连叉烧

黄连叉烧是广东叉烧中的名品。

叉烧是广东省的一道传统名菜,是广东烧味的一种。该菜品是把腌制后的无皮无骨的猪瘦肉或半肥瘦肉条挂在特制的叉子上,放入炉内烧烤而成,肉质软嫩多汁、色泽鲜明、香味四溢。"叉烧"是由"插烧"演变而来的。插烧是

---

[1] 珠江商报社编《2008 顺德美食一本通》,内部资料,2008 年。
[2] 羲禽,鹅的别称。

将猪的里脊肉加插在烤全猪腹内，经烧烤而成。但一头猪只有两条里脊，难以满足食家需要。于是人们便想出插烧之法。但这也只能插几条，更多一点就烧不成了。后来，又改为将数条里脊肉串起来叉着来烧，久而久之"插烧"之名便被"叉烧"所取代。

说起黄连，附近四乡乃至省城、香港、澳门不少老一辈的人都知道黄连"双璧"——风炉与叉烧。1949年9月26日，《顺德周刊》刊登了胡志刚特写《黄连近貌（上）》，文中写道："黄连以出产风炉著名，其次还有薯莨纱绸，地道插烧，也是远近驰名。"这里的"插烧"只是援用古称，正如《粤厨宝典·味部篇》所言："大概是取其谐音而已。"

20世纪20年代后期，黄连有一位眼光独到的商人，名叫罗杰臣。他在当时人流最旺的黄金地段"石狮脚"开了利昌烧腊店，经营烧肉、叉烧。初时，虽然他用心经营，可是生意却不怎么兴旺。他明白自己的烧腊还欠点"火候"。几经寻觅，罗老板终于物色到一位烧腊怪杰——"疤眼堂"①。"疤眼堂"其貌不扬，却身怀绝技。罗老板出高薪将其罗致麾下。这位烧腊怪杰果然身手不凡，经他巧手烤制的烧肉，尤其是叉烧的确脍炙人口。原来，他专挑"中头腩"精肉（猪的颈上肉），选山西汾酒、上好的麦芽糖和豉油，配以秘制的香料及上等的木炭，按照独门秘笈精心炮制。利昌烧腊店的叉烧成色十足，肥中夹瘦，瘦中带肥，肥的透明如玉，瘦的色如琥珀，入口如饴，甘香嫩滑，吃后齿颊留香。一时间名声大噪，购买者趋之若鹜。之后，利民烧腊店开张，也是一"烧"风行。

从此，黄连叉烧的芳名不胫而走，不仅名扬顺德城乡，还吸引港澳同胞闻香下车呢。

几十年后，黄连又出了一位烧腊名师——"大头华"。罗杰臣之子罗永勤与罗永桐自幼在利昌烧腊店帮工，传承了"疤眼堂"的烧腊技艺，其后罗氏兄弟共同打理利昌烧腊店。而罗永桐曾向"大头华"传授制作黄连叉烧的技术（罗

---

① 在粤语中，"愣鸡"的意思是"疤眼"。

黄连叉烧

杰臣为"大头华"奶奶的兄长，即舅公，罗永桐为"大头华"的表叔）。经过改良，"大头华"制作的传统叉烧与他的烧鹅一样呱呱叫。"大头华"烧的叉烧香喷喷，肥肉爽而不腻，瘦肉甘香不柴，每串叉烧几乎都带有一两颗指甲大的焦黑"叉鵪"①。这颗"叉鵪"显示了火候恰当，用料纯正而均匀，仿佛清代官员帽上的顶戴花翎，能够证明此官的身份一样，足可证明此乃货真价实的黄连传统叉烧。有诗咏黄连叉烧：

> 炭火余温炙蜜浆，先调汾酒味悠长。
> 莹如琥珀明如玉，古镇叉烧誉四乡。

又过了几十年，在黄连吴添权师傅担任出品总顾问的聚福山庄，从传统烧腊名品三色凤眼润（肝）中汲取灵感，创出了古法叉烧。此菜精选黑毛猪肥瘦

---

① 叉鵪，俗称"火鸡"，表面烧焦的黑点散发出焦糖的香气。

适中的"中头腩",嵌入金沙般质地的咸蛋黄,用黄连叉烧的古法烧烤而成。此品曾多次得到香港著名美食家蔡澜先生的点赞和推荐,在多地举行的推广顺德美食的重大交流活动中的盛宴上亮相,备受赞赏、欢迎。

2021年5月28日,一则题为《寻味顺德 郑州站圆满结束》的通讯对古法叉烧有这样的描述:"选用上等五花三层猪腩肉,肥瘦均匀,搭配高邮红油沙咸蛋黄,两者结合,肥而不腻,叉烧油脂与蛋黄的咸香相结合,丰盈的口感回味在舌尖。"有诗咏古法叉烧:

> 玉盘转入五层楼[①],溢彩流香味一流。
> 古法新烹彰创意,食神翘指赞珍馐。

古法叉烧传至外地,名为"凤凰酿叉烧"。

第三节　黄连三拼烧

2017年3月,在勒流街道黄连社区"三八妇女美食比赛"上,广绣坊绣娘根据《黄连史料》记载,成功复制了改良版的历史名菜三拼烧。

三拼烧以猪肝、猪舌、精肉为主料,分别片(横切)成薄片,用酱油、汾酒腌至入味,涂上蜜糖,用长铁针并列贯串起来,放入炉中烧焗至焦香。成品色泽金黄,甘香可口,可酒可茶可餐。

据传黄连三拼烧起源于清代嘉庆年间。顺德龙山人温汝能厌倦游宦生涯,辞官南归,在莲溪筑室藏书数万卷,编辑成《粤东诗海》《粤东文海》两部大

[①] "五层楼"即五花肉的别称。

《粤东诗海》　　　　　　　　黄连三拼烧

型集子刊刻行世。他饶具胆略,能够指挥作战。嘉庆十四年(1809),海盗张保仔扑入内河劫掠。温汝能主持龙山团防事务,积极筹款购置洋枪洋炮。海盗船队急攻黄连,温汝能率部众驰援,发炮轰击海盗的船棚尾,烧毁其帆桅。海盗围攻六天六夜,见取胜无望,只好退却逃离。当时有一位被困厨人目睹海盗船桅帆被炮击中撕裂三片自然焚毁,灵机一动,创制了三拼烧,以表胜利的喜悦。后人有诗纪事:

> 连溪水畔炮声隆,贼舰桅帆化火龙。
> 巧借穿烧传捷报,飞鸿展翅味香浓。

黄连三拼烧的扬名,与身为银号老板的关楚白关系颇大。关楚白是黄连关地人(今其故宅犹存),早年在广州开营银号"关恒昌",与餐馆老板多有金钱往来。20世纪30代初,陶陶居在第十甫马路旁兴建钢筋混凝土大楼,由于资金不足,向"关恒昌"贷款周转。后来关楚白见陶陶居生意红火,便把大部分贷款用于投资入股。作为大股东,关楚白将他爱吃的三拼烧推荐给酒家。于是,三拼烧便成了广州名店陶陶居的招牌美点佳肴推出飨客,名声渐响,跻身"名贵佳肴"之列,"驰名省、港",以至于"欲赏美味,亦须隔日预定"(见《黄连史料》)。

时隔 50 年,绣娘把失传菜黄连三拼烧复活,改成用鸡肠把猪舌、猪肝、火腿扎起来,再放到油里炸的菜式,不仅获得赛事第二名,赢得了"银镬铲"的称号,还得到了许多人的认可。

第四节　菜远炒水蛇片

> 白锷翻飞雪片寒,蓝光吐艳爆犹欢。
> 携香驾雾歌吟去,爽嫩银龙跃上盘。

这首诗描写的是割烹菜远炒水蛇片时的热闹场景。此菜的得意之处是起水蛇片只用 8 次刀起刀落(每侧 4 刀),然后旺火急炒几下,成菜送到餐桌,前后只花 3 分钟,而本来只有九分熟的水蛇片在上桌途中靠内热达至恰熟的境界。此时鲜嫩的水蛇肉似乎还在律动,而镬气撩人食欲,充分体现了顺德小炒"急火猛攻,仅熟为佳"的技法特点,被公认为顺德小炒的范例。而菜远的清甜正好衬托出水蛇片的鲜嫩,二者共冶一炉,取得相得益彰的完美效果。

炒水蛇片是勒流(特别是黄连)一款传统水乡风味菜。早在 20 世纪四五十年代,勒流永乐名厨罗二已擅长精制炒水蛇丁。他的徒弟鼎力大厨张远更把水蛇片炒得出神入化。炒水蛇片是勒流侨社(俗称"六楼")最早做出名堂来的。当时黄连厨师孔来、老耀光代表勒流侨社参加佛山地区厨艺比赛得奖。后来黄连籍顺德"厨王"

菜远炒水蛇片

谭永强（张远高徒）加以改良，使菜远炒水蛇片成为名菜。在1998年的顺德美食大赛上，菜远炒水蛇片荣获"十大金牌名菜"美誉，且名列榜首。此菜是第四届全国烹饪大赛团体金奖获奖菜之一，2015年还入选"全民最爱十大顺德菜"。菜远炒水蛇片名列"勒流四大名菜"。针对此菜，已制定了制作标准。

更可喜的是，在2017年底举行的首届勒流街道"金镬铲"厨艺争霸赛中，获奖者中8人（其中一人获两项奖）都选择菜远炒水蛇片作为自选菜。这表明，这道名菜就像"旧时王谢堂前燕"，已经"飞入寻常百姓家"。

菜远炒水蛇片制法

（一）用料

生宰水蛇起肉200克，洁净菜远250克，姜片、葱白段、红萝卜花、湿生粉、花生油、调味料各适量。

（二）制法

1. 先将菜远烚①熟备用，水蛇肉切成片。

2. 将水蛇片拉油，倒入笊篱中，滤去油。在镬中加入姜片、菜远、蛇片以及配料，同炒，溅酒，调味，用湿生粉勾芡，上碟便成。

（三）特点

鲜，嫩，爽，滑。

（四）说明

烹制此菜有许多诀窍。第一是选材。最好选取大拇指粗的嫩水蛇，再大就会肉质老韧。还要防止水蛇被人注入了水。谭永强师傅说，分辨水蛇有否注水，看它的身段便有分晓：如果身子圆滚滚的，便没有注水；如果身子呈三角形，那就注了水。第二是水蛇肉要新鲜。把水蛇肉起后最好即炒，半个钟头后肉质就大打折扣了。

---

① "烚"是一种处理方法：在加入少量碱性物质或食油的沸水中加入原料，并加热至一定的成熟度，从而成为半成品。

第五节　煎焗西江鲴

煎焗西江鲴是黄连名厨谭永强的一款拿手菜。

鲴鱼学名"斑点叉尾鮰",是外形、食味、口感都与黄颡鱼相似的一种无鳞鱼,其皮滑,肉质细嫩,味浓鲜美,骨刺少,尤以腹肉为佳,与鲈、鳜、嘉并称珠江水系四大名贵河鲜。30多年前,顺德厨师爱用蒜子、烧腩与鲴鱼同焖,取其香气浓郁诱人,但焖的时间长了,蒜子的辛香往往会掩盖鱼的鲜味。鲴鱼烹法创新已是大势所趋。

1988年,谭永强与麦朝信合作经营东海海鲜舫,一位管楼面,一位管厨房。当时顾客嫌蒸焖鲴鱼口感有点腻,多吃鱼头和鱼尾,鱼身因多脂而少人问津。两位名厨从传统的煎焗鳙鱼做法中得到了灵感,把鲴鱼身切大块(后改为切厚片)加以煎焗,遂创出了煎焗西江鲴这道名菜。

据创制者介绍,煎焗西江鲴对选材十分讲究,须选用新鲜且肉质嫩滑的野生鲴鱼——"这是做好这道菜的根本"。先将鲴鱼切片,厚度2—2.5厘米,然后放入油锅煎。用油是制作此菜的关键。油不能放太多,通常750克鲴鱼最多放100克油煎。"普通铁锅做出别具一格的风味,完全得益于预热、搪油、水冷、蘸油的严谨工序,以及厨师对猛火煎焗这个难点的驾驭。"用猛火煎,可以把鱼肉的肉汁锁住不让外溢。煎好后溅酒,盖上锅盖,焗8—10秒,即可装盘。这道菜金黄通透,不论是凸位还是凹位都着色均匀,外酥内滑,肉汁点滴不失,佐酒、下饭皆宜。成菜集合了煎炸的香和清蒸的滑。香港美食家唯灵先生赞美此菜"达世界第一流水准"。

煎焗西江鲴

后来餐船由于污染水环境而被取缔，谭永强、麦朝信"上岸"后分别经营东海海鲜酒家与宏图海鲜酒家。在1998年的顺德美食大赛中，这两家名店均制作煎焗西江鲴参赛，同获优胜奖。之后，东海海鲜酒家的煎焗西江鲴获"佛山名菜"和"2007顺德金奖菜"殊荣；而宏图海鲜酒家的煎焗西江鲴则吸引了时任澳门特别行政区行政长官何厚铧先生前往品尝。何厚铧吃后挥笔题写了"宏图美食"4个大字。有诗咏"煎焗西江鲴"：

> 澳门官长喜挥毫，美食宏图品位高。
> 佳味首推煎焗鲴，甘香嫩滑胜烧蚝。

2012年，煎焗西江鲴被列入"勒流四大名菜"。勒流制定了煎焗西江鲴的制作标准。

煎焗西江鲴制法

（一）用料

宰好鲴鱼（重4000克以上的西江**鲴**鱼）500克，去壳鸡蛋（打成浆）1只，姜花、蒜片、葱白段各适量，芫荽叶数片。

（二）制法

1. 把鲴鱼身去黏液，切去鱼鳍，摘除内脏洗净，切成厚件。姜花用清水浸泡，葱白段用温开水浸泡。

2. 将锅洗净，烧热，加入花生油，加热后把油倒回油盆。利用锅中余油，用中火把鲴鱼件煎至七成熟时，放入姜花、蒜片、葱白段同爆，边煎边适当翻动鱼件（使之受热均匀）。当鱼件两面都呈金黄色时，加入白糖，溅入白酒，盖锅约6秒，把鱼件焗熟。

3. 取起鱼件，用白色大圆盘盛装，撒上芫荽叶，碟边放雕花装饰。

（三）特点

肉质鲜嫩，味道醇厚，外酥内嫩，色泽金黄。

第六节　菊花水蛇羹

羹，比汤浓稠，更有口感，材料可见，质感清晰。一个"羹"字，自带一种雍容的高级感，无论字形或发音，似乎都比汤风雅几分。顺德，先秦时楚越之地，人们自古就有"饭稻羹鱼"的生活习惯。而在作为"厨师之乡"的黄连，人们把水蛇羹视为"羹"的首选。

在风靡全国的中央电视台美食纪录片《寻味顺德》第二集《匠心独运》中，黄连厨王谭永强精制菊花水蛇羹的故事让人过目难忘。

谭永强沿用父亲谭德英的制作方法。谭德英是一位食不厌精的乡间美食家。为了尝一口清香鲜美的水蛇羹，他不惜每天爬上屋顶，给菊花浇水，以便入秋后采摘初开的花瓣佐羹。如果没有胡椒粒研碎撒上羹面增香，他决不会烩制水蛇羹。

在纪录片中，谭永强从种了 4 个月的白菊花中挑选出舒展的花瓣，一朵花选取不过十几瓣。他把去皮蛇肉在水中煮得恰到好处，取出后一缕缕地撕下来。剩下的蛇骨，褪去的蛇皮，都是这道羹汤的原料。然后把蛇骨、蛇皮与飞过水

菊花水蛇羹

的土鸡和猪舌同煲，以最大限度地激发水蛇的鲜美。武火煲半个小时，高温释放出肉中的脂肪和蛋白质，汤色由清转浓，再中火炖煮90分钟，再次请出原汤，所有食材烩于一炉。十几分钟后，汤汁渐收，诸味融合。食材自身鲜甜浓郁，只需适量的盐吊出鲜味；汤色奶白，香气馥郁，水蛇肉鲜嫩。这时菊花上桌，点亮了这道羹汤的神髓。《寻味顺德》这样评论"菊花水蛇羹"："这是一种看似平淡实则绝妙的味觉搭配，为了这个时刻，可以付出4个月的等待。"还把此羹称为一种"带有旷古之思的滋味"，不知是否指菊花能让人回想到古代诗人屈原和陶潜。

其实被菊花水蛇羹倾倒的还远不只中央电视台的编导。香港美食家唯灵先生在东海海鲜酒家品尝了此羹后赞道："不单啖啖肉，汤水更是鲜甜。"何厚铧先生多次驱车到勒流，为的是吃上一碗菊花水蛇羹。有诗咏菊花水蛇羹：

> 凤配龙丝寿客香，清甜滑润养颜良。
> 此羹应只厨乡有，特首飙车为一尝。

2012年，菊花水蛇羹入选"勒流四大名菜"，已制定了制作标准。

第七节　晒莨公炆大鱼

在黄连"蚕桑鱼塘宴"上，有一道重新挖掘"出土"的失传菜——晒莨公炆大鱼格外引人注目，也特别刺激食客的味蕾。当地的父老乡亲津津有味地品尝着这道用大铁锅炆着的"老"菜，称赞说："就是那个味儿！"

据史料记载，在那个"一船蚕丝去，一船白银返"的年代，蚕丝业和晒莨业自然也成为了黄连经济的一大支柱，晒莨商号达数十家，晒莨工人达三四百

黄连龙虱游艺

人，年输出茧绸价值近百万元。

"晒莨公"就是晒薯莨（香云纱染色用的一种原料）的工人。他们顶着烈日，用一种特殊的河泥染出轻似秋云、淡香如梦的香云纱，劳动强度极大，个个有如黑铁塔，亟需补充营养和能量。传统乡土美食——晒莨公炆大鱼应他们的需求而生：在鱼塘公炆大鱼的基础上，加入甜竹（第二层揭出的腐皮）、豆腐、花生同炆，便成美味与营养兼具的职业佳肴；用一口大铁锅盛着，端上桌子，边加热边吃；大家围炉大嚼，举碗痛饮，猜拳行令，气氛热烈；哪里先熟吃哪里，吃其新鲜，吃出情趣。有诗咏晒莨公炆大鱼：

> 香纱锦绣出淤泥，晒罢轻云胃已嘶。
> 饱啖肥鱼炆豆腐，猜拳饮至日沉西。

有趣的是，"晒莨公"还利用业余时间，用他们的工具——薯莨盆当艇仔（小艇），用龙舟比赛的规则，进行水上划行比赛。以后薯莨盆演变成小型龙舟——"龙虱"。黄连龙虱游艺被认定为佛山市非遗，与香云纱印染技艺（国家级非遗）、赛龙舟（佛山市级非遗）交相辉映。晒莨公炆大鱼一菜把3种非遗联结在一起，意义非比寻常。

第八节 三色凤眼润(肝)

三色凤眼润

三色凤眼润是黄连一代名厨张远及其后辈张四根、张锦根等的拿手卤水名品。

烧、烤、卤、腊是粤式酒楼烧卤部的业务范围。"卤"指粤式卤水,本不属于候镬的业务。张远是候镬师傅,虚心好学,曾到广州北园酒家跟班学艺。北园十大名厨之一、"烧卤状元"廖干(gàn)是顺德杏坛镇霍村人,深具家乡情怀,毫无保留地把烧卤技艺传授给张远。这位烧卤大师有"饮几杯"的嗜好。每逢休假回乡,他多到勒流鼎力酒家找好友张远"摸着酒杯底"切磋厨艺。一来二往,他就把巧制香烧桂花扎、三色凤眼润、香麻手撕鸡等制作技艺传授给张远,并经张远传播开来,在黄连乃至顺德全境流传开了。

三色凤眼润的制法及特色:

精选猪肝(润)①,改成两块,用尖刀从肝块中部戳一个洞;另用薄猪肥肉片将皮蛋清、咸蛋黄卷成圆柱形长条,塞进猪肝洞中,用竹

---

① "润"亦作"膶"。"膶"是广府人所创的字。为避"肝(与"干"同音)字反其意而代以"润"字。

签别牢；先用清水浸过，去除异味，然后放进约90℃的"虾眼"卤水中；卤熟后取出，切成薄片，装盘造型，做成冷盘。各薄片像美目流盼的凤眼，有秀美的"眼眶"，"眼眶"中有圆溜的"眼珠"，"眼珠"中有光亮的"瞳孔"，栩栩如生，独具匠心。

有诗咏三色凤眼润：

> 头盘片片凤眸明，卤味甘香巧切拼。
> 玉润珠圆三色美，名师妙手趣天成。

第九节　春花肉

春花肉，又名"网油炸春花"，是黄连社区一款历史悠久的传统美食。它由古代迎春美食春饼或春卷演变而来。立春是农历二十四节气之首。立春以"春"命名的筵席与节物，多以蔬菜（如萝卜、芽菜、生菜）为主。重视享口福的岭南人自然嫌其过于"寡淡"而加入肉类。又因立春时"渐觉东风料峭寒"（苏东坡诗），不宜多吃生冷之食，岭南人改用酥炸五花肉切片，而仍以"饼"或"卷"的形态出现。"薄本裁明月，柔以卷细筒"就是明清时期春饼形象的写照。随着我国从农耕社会向工业社会的转型，现代人对立春重视的淡化，春花肉成了团年宴上的佳肴。

黄连坊间有不少擅制春花肉的高手，香江酒家名厨张永贤的祖母便是其中一位，80多岁高龄还炸卖不辍。在民间，春花肉具有草根性。过去由于男尊女卑观念作怪，男席菜肴品位比女席高。男席菜式是野鸡卷，女席对应菜式则是春花肉。可见，春花肉并非高贵菜品。然而物无贵贱，适口者珍。春花肉酥

春花肉

脆甘香,博得黄连民众喜爱,成了价廉物美的街头小吃。八九十年前,街头常见小贩用大而浅的竹窝盛载炸得香喷喷的春花肉,用头顶着,沿街叫卖"油炸春花肉,椰丝猪肉豆沙角"。搬运工(那时称"苦力")闻风而至,花几文小钱,买两三件春花肉佐酒;小户人家也会派遣小孩持碗买来"加菜"。显然,春花肉昔日是穷苦人的恩物。世易时移,如今,春花肉的制法和风味已经发生了一定的变化。"顺德厨王"谭永强推陈出新,用鲜爽的鲮鱼肉取代稍显肥腻的五花肉,用清甜脆美的马蹄(荸荠)肉代替口感稍逊的莲藕,并粘上面包糠(对食物起保护作用)做吉列炸①,取代以往的热油直炸,使成菜变得酥香清爽而不腻口。谭永强还把春花肉列入"大众筵席"(成本在 200 元以下)的热菜中,通过粗料精制,使之一举成名,成为优胜奖菜式,在 1999 年第四届中国烹饪大赛上为顺德美食赢得了荣誉。在"满汉全席"全国电视烹饪大赛——厨师之乡顺德专场擂台赛上,谭永强巧制的春花肉得到了小吃类比赛满分。较

---

① 吉列炸,原是西餐的一种方法,经移植发展成为粤菜的一种独特方法:经过腌制的生料,表面粘上一层蛋粉浆后均匀地拍上面包糠,再放入热油中炸至表面呈金黄色,成为香脆的产品。吉列炸的产品具有色金黄、皮酥脆、味甘香等特点。

高档的春花肉是将大地鱼、蚝豉、云腿、马蹄切小粒，卷以猪网油炸酥，切成寸长的卷。猪网油受热脂肪消融，余下网格，马蹄粒晶莹洁白，若隐若现，仿佛云石一般，有一种朦胧美。有诗咏春花肉：

> 酥化甘香悦颊牙，群芳宴上赏春花。
> 品高堪比野鸡卷，尝入厨乡千万家。

春花肉制法

（一）用料

鲜鲮鱼肉 100 克，猪网油 100 克，马蹄肉 250 克，韭菜 250 克，面包糠 100 克，五香粉、湿生粉、干生粉、花生油、调味料各适量。

（二）制法

1. 把马蹄肉、韭菜、鱼肉切粒，加入湿生粉、五香粉，调味拌匀，做成馅料。

2. 将猪网油拖上干生粉，把馅料放在猪网油上，卷成圆筒形，然后切成棋子形件，将两面刀口拍上面包糠。

3. 烧锅下花生油，加热至五成滚，将棋子形件放入热油中，用中火加热浸炸至呈金黄色，取起上碟，用喼汁佐吃。

第十节　香麻手撕鸡

> 温泉浴罢雪中藏，嫩滑清鲜泛润光。
> 更缀油麻如碎玉，分身小凤压群芳。

此诗所咏的"香麻手撕鸡"是顺德勒流的一款传统名菜，现在仍然深受食客欢迎。黄连一代名厨张远曾对此菜进行了改良，主要是简化了手工撕鸡的制作，将传统的盐焗改为水浸，然后加芝麻、麻油、猪油拌匀而成。有人把这一改良戏称为"狸猫换太子"。其实，用水浸熟的手撕鸡格外嫩滑，与盐焗的风味各有千秋，而坐收省工省时之利。

张远善于学习、改良和创新。他曾到广州北园酒家等名店学会了三色凤眼润、东江盐焗鸡、白水猪肚等菜的制法，然后加以改良。香麻手撕鸡就是从清平鸡、园林香液鸡等著名鸡肴改良而成的。更令人钦佩的是，到了耳顺之年（60岁）的张远已是名满珠三角，但还到广州虚心向粤菜大师黎和等人求教。与此同时，他在自己掌勺的鼎力，以好酒好菜招待回乡休息的北园酒家"烧卤状元"廖干，学会了用白卤水浸鸡的绝招，使香麻手撕鸡味入骨髓。他又把香麻手撕鸡的烹制技巧无私地传授给乐从名厨刘伟和清晖园大厨康海。后者的楚香鸡正是从香麻手撕鸡发展演变而来的。他的侄孙、徒弟张永贤也因他的传授而成了香麻手撕鸡的烹制好手。1979年，在一次全国性厨艺表演上，张远曾现场演绎过烹制香麻手撕鸡。

此菜的风味特点在"香""亮"二字。芝麻炒后香气浓郁，麻油有特殊的香味和极大的旋光度，加入一点猪油，更增添了菜肴的香气和光亮，让食客吃后回味不已。

香麻手撕鸡

香麻手撕鸡的制法

（一）用料

贵妃鸡①1只，芝麻油10克，猪油、精盐、味精各5克，芝麻15克。

（二）拼砌

将芝麻油、猪油、精盐和味精匀和开成"麻香油"。贵妃鸡起肉拆骨后，先将骨斩碎拌入"麻香油"，摆放在碟中央，鸡肉撕切成条拌入"麻香油"，放在鸡骨之上；鸡翼去骨后连同鸡头和鸡腿尾关节拌入"麻香油"，砌成鸡形；最后将改成长方形的鸡皮拌入"麻香油"后铺砌上鸡肉面，再撒入炒香的白芝麻便成。

（三）作料

香麻油。

第十一节　香麻白水肚

香麻白水肚是勒流街道的一款传统名菜，为在鼎力掌勺的老一辈特级厨师张远师傅所创制。此菜粗料精制，价廉物美，曾在经济困难时期和实行计划经济时期被奉为"上菜"，用以改善群众生活或招待来宾，在老一辈勒流人心目中留下了不可磨灭的印象。那时，每逢"新抱日"（娶亲的日子），勒流水乡的农民兄弟划船扒艇，男女老幼云集鼎力赴宴，以能吃上黄连名厨"二叔公"亲手烹制的香麻白水肚为荣，其气场之大，几可与改革开放之后北京人"到顺峰，吃海鲜"媲美。如今，此菜仍时有亮相于餐桌，我们仍时有听到父老乡亲

---

① 贵妃鸡是指用白卤水浸熟后再用冷白卤水"过冷"的光鸡。人们用描述杨贵妃出浴的"温泉水滑洗凝脂"的诗意为此鸡命名，称为"贵妃鸡"。见潘英俊：《粤厨宝典·味部篇》，岭南美术出版社，2009年。

赞美此菜的热情话语，足见真正的美食能历久而不衰。有诗咏香麻白水肚：

> 鼎力名肴万口夸，至今仍觉悦唇牙。
> 区区数件香麻肚，曾是吾饕梦里花。

猪肚，即猪胃，其胃壁由4层组成。其中，第二层为肌层，由纵横和环形肌纤维构成，是食用的主要部位，以酥、糯、香见称，并有补胃、健胃、促进食欲等功效。香麻白水肚是以猪肚为主料烹制而成的美馔。

香麻白水肚制法

（一）用料

猪肚1个，炒香白芝麻25克，姜丝、葱丝各50克，麻油1克，猪油、盐、糖、胡椒粉、味精各适量。

（二）制法

1. 割去猪肚的边膏，用食盐搓擦猪肚内外洗净，用沸水略泡，用刀刮去白衣，洗净，烧沸水，把猪肚放入沸水里滚熟，随即取起，放入冷水中泡冷，如此反复数次，直至烚（以用筷子能插入为准）。最后一次用凉开水泡冷后捞起，滤去水分，放入白卤水盆浸至入味，捞起，切成约5厘米长的粗条。把猪肚条放入碗内，加麻油、猪油、糖、味精、胡椒粉，拌匀，转放于碟上，把炒香的白芝麻撒在猪肚条面上。

2. 把姜丝、葱丝用凉开水浸泡（以减轻姜的辣味，去除葱的胶潺），捞起，用洁净布吸干水分，分伴于猪肚条四边。

（三）特点

芬芳浓郁，香烚爽脆，味鲜可口，宜于佐酒。

第十二节　鲍鱼焗鸡

2006年，在中国烹饪协会、中央电视台于青岛主办的"满汉全席"全国电视烹饪大赛——厨师之乡顺德专场擂台赛上，黄连籍"中国烹饪名师"谭永强师傅以鲍鱼焗鸡一菜惊艳全场，征服了评委，并最终战胜了最后一名竞争者，成为"擂主"（俗称"顺德厨王"）。

鲍鱼焗鸡的问世，经历过一番思索和争议。一直以来，谭永强经营的勒流东海海鲜酒家以顺德乡土风味菜闻名珠三角。但随着群众生活水平的提高，品尝高档菜肴已经成为先富起来的商家的诉求。作为店主兼总厨的谭永强当然深知饮食界潮流的走向，也深知峻鲜的鲍汁在新派粤菜调味中居功至伟。他作为

鲍鱼焗鸡

民国时期勒流永乐名厨罗二的徒孙，自然深知烹制鲍参翅肚的此中三昧。他想，何不让货真价实的鲍鱼与"鸡中皇后"——清远麻鸡结成神仙之侣呢？经过深思熟虑和多次试验，创新菜鲍鱼焗鸡（每款1999元），一经问世，就紧紧地吸引了高端食客的眼球和味蕾，但招来了一些非议，有人把它讥讽为"千金小姐（比喻鲍鱼）做妹仔（丫环，比喻鸡）"。而《顺德原生美食》的作者廖锡祥先生则援引"中国烹饪的圣经"——《随园食单》为此菜辩护，一时间食坛议论纷纷，煞是热闹。

菜品的优劣最终要由食客、市场裁定。鲍鱼焗鸡经受了市场的考验，正如《勒流：中华美食名镇》一书的评价："高贵的日本吉品鲍与鲜嫩清远麻鸡'强强联合'，组成绝配，味道浓郁，色泽美观晶莹，卖相优美，为新潮高档顺德菜提供了一个绝妙的标本和典型的范例。"[①]鲍鱼焗鸡被评为"2007顺德金奖菜"。有诗赞道：

> 九孔[②]奇鲜配凤凰，玉盘仙侣吐浓香。
> 厨乡擂上金牌菜，史册留名客爱尝。

鲍鱼焗鸡成功实践后，谭永强更坚定了信心，喊出了"顺德菜不仅要粗料精制，而且要精料精制"的强音。

鲍鱼焗鸡简要制法

用煲好的30头吉品鲍10只，与上了老抽的光鸡1000克，注入上汤后同焗约20分钟，把鸡切件装盘，以鲍鱼绕鸡块摆好，淋上原汁即成。此菜原汁原味，香滑味浓，色泽明亮，菜品高贵。

[①] 勒流经济发展办公室编《勒流：中华美食名镇》，内部资料，2008年。此处的日本吉品鲍产自日本岩手县，外形略似元宝，枕边高而身企，浸制煲发后鲍鱼味浓，入口有嚼头，广受食家欢迎。

[②] 鲍鱼的异称。

第十三节　无骨大鱼

《黄连——熟悉的地方有风景（卷二）》一书记载：

黄连是素负盛名的厨师之乡，饮食业向来兴旺。就在2016年5月，黄连的"大头华"烧鹅、"奥巴顺无骨鱼"荣幸地上了中央电视台纪录片《寻味顺德》而聚焦了亿万双眼球。津津有味的街谈巷议中蕴含着黄连人的骄傲、振奋和喜悦。

近年，在珠三角，特别是在顺德颇为流行的无骨大鱼系列菜是黄连人烹鱼绝技的集中体现。

选用10斤左右的水库大头鱼，低温扣养5天，让鱼身肉质更结实。然后把鱼洗净，在15—20分钟内把鱼去骨去皮，起出晶莹透明的鱼背片供涮（在微沸的"虾眼水"中，收慢火浸25秒）食，鱼片鲜嫩爽滑，是为无骨鱼片。剩余部位，鱼肉碎屑做成鱼蓉粥；硕大肥美的鱼头以剁椒蒸；鱼骨或焗或酥炸，悉听尊便；鱼肠煎蛋；鱼皮凉拌。一鱼多吃，了无浪费，显示黄连人既"识饮识食"，又"惜饮惜食"。

说起无骨大鱼的由来，不能不提勒流黄连原祥顺酒楼店主曹顺文。该店店面陈旧，无整体大堂，也无停车位。这些劣势倒逼曹顺文走"出口创新"之路。他听前辈说起同乡女企业家陈霜银（人称"大家姐"）在大良阿二靓汤当经理时曾推出过美食鳙鱼宴的故事，颇受启发，心想：何不做一鱼多制，充分利用一条鱼全身的价值，以获取更多的利润呢？于是，他摸索着试制一鱼四食、五食、六食，甚至七食，最终优选六食的模式。一个偶然机会悄然来临。顺德电视台《食出一百分》栏目监制蔡颖仪小姐路过黄连，见一鱼六食甚有特色，便拍摄了美食节目播出，观众反响热烈。不久美国总统奥巴马上台，曹顺文因貌似奥巴马而被称为"奥巴顺",并成为网络红人。中央电视台纪录频道又把曹顺文的无骨大鱼送上了风靡全国的《寻味顺德》。曹顺文还用无骨大鱼参加多项烹饪大赛并夺得多个奖项。他因势利导,向国家工商行政管理局注册了"奥巴顺无骨鱼"商标。无骨大鱼遂成为著名品牌。有诗咏无骨大鱼:

> 调和鼎鼐运神功,焖炸蒸煎技不同。
> 满目琳琅鱅盛宴,一鱼多食味无穷。

后来,曹顺文又把无骨大鱼"升级"为"千层无骨大鱼"。

2022年1月27日,勒流饮食协会发布了无骨大鱼团体标准。

第十四节 盘龙鳝

盘龙鳝亦作"蟠龙鳝",因菜式形似一条龙盘踞在碟子上,体现出中国人讲究吉祥安康、腾龙天下的美好寓意,因此成为日常宴会常见的一道菜。

鳗鱼俗称"风鳝"。黄连是勒流最早的鳗鱼村。黄连人梁建中于1985年克

盘龙鳝

服土池养鳗无先例的困难，总结出利用土池养鳗的新技术，后盛行于顺德，特别是邻村稔海。在1992年召开的全国池塘养鱼会议上被肯定为"全国首创"。1995年，梁建中因在鳗鱼产业的突出贡献被国务院授予"劳动模范"称号。

　　黄连人喜欢就地取材，将鳗鱼蒸制或焖制盘龙鳝，作为宴席佳肴。制法是将鳗鱼切段（留皮与皮相连），挂糊油炸至呈金黄色，在盘中摆成盘龙状，然后加炸蒜子、肉丝、香菇丝等，浇上调味汁焖制而成；还将滚煨过的鱼肚分伴四边模拟龙所驾的云彩，或者以柚皮垫底。2022年1月27日，勒流饮食协会发布了盘龙鳝团体标准。有诗咏盘龙鳝：

> 驾雾腾云欲上天，踌躇一念任蒸煎。
> 盘龙有志难伸展，入味携香献玉筵。

盘龙鳝制法

（一）用料

　　生长期约为一年半的鲜活鳗鱼1条（重400—600克），葱花、红椒粒、食盐、花生油、生粉、白糖各适量。

（二）制法

　　1. 鳗鱼用淡盐水及生粉抹掉外表黏液，宰杀、清理洗净后，从背部下刀侧切，斜度约60°，每隔2厘米切一刀，从头部起切到尾部，保持鱼皮相连，整条隔而不断。

　　2. 将处理好的鳗鱼放入盘中，摆成盘龙状，用油、盐、白糖等调味。把鳗鱼放入水锅中。

　　3. 待水烧开后，隔水蒸5到6分钟。取出鳗鱼，在鳗鱼上撒上葱花、红椒粒点缀，淋上热油即可食用。

（三）特点

　　形如盘龙，色泽浓郁，口感爽脆，鱼油甘香，营养丰富。

第十五节　脆皮糯米鸡

2021年底，网络上贴出了一条喜讯："顺德9家餐厅入围（佛山）市乡村旅游粤菜美食示范店！"年丰楼赫然上榜。

年丰楼是黄连社区一家由古屋改造而成的私房菜馆。菜馆包含园林景观，景门、照壁、镬耳墙、漏窗、凉亭等传统岭南建筑及园林小品，是西方建筑和中国传统园林的结合体，整体古色古香，幽静的环境使人置身于园林之中，别有一番风味。2021年5月东方卫视极限挑战剧组就来到年丰楼进行拍摄。香港著名美食节目《阿爷厨房》主角亦曾到年丰楼品尝美食。

作为私房菜馆，年丰楼有脆皮糯米鸡、南乳炸猪肉、无骨鲫鱼、过桥桂花鱼、咸蛋黄焗蟹等特色招牌菜。其中，脆皮糯米鸡为食客必点名菜。提起糯米鸡，多数人会联想到作为茶点的糯米包鸡块。而年丰楼私房菜馆推出的脆皮糯米鸡却是一道鸡包糯米的菜肴。

脆皮糯米鸡

年轻人可能不知道脆皮糯米鸡的全称是"古法脆皮糯米鸡"，"源自百年前粤菜师傅手艺"，制作中薄如蝉翼的鸡皮要保证完好无损，最考厨师刀功。广州博物馆与中国大酒店携手，在广州镇海楼广场隆重推出"粤宴中国·消失的名菜"，其中就有古法脆皮糯米鸡一菜。

至少几十年前，鸡包糯米的糯米鸡曾风行顺德食坛。1997年出版的《顺德菜精选（广东菜系）》中就载有此菜。改革开放初期，顺德籍富豪李兆基先生的父亲李介甫获准移居香港，辞行前所设家宴上就有脆皮糯米鸡一菜。年丰楼老板兼大厨黄炳辉不怕制作流程复杂和工艺精细，决心把这道一度失传的工艺菜重新推出给客人，还进行了与时俱进的创新：首先，把先前将生糯米、瑶柱、冬菇等"八宝"酿入鸡腔，改为塞进糯香绵软的生炒糯米饭，绝无夹生之虞。其次，以前把酿好的鸡先炖焾，上蛋粉浆入油浸炸，如今改为风干后入烤炉烤制，烤得甘香松脆，有标准可依。最后，选料严格，只选七八个月大的靓鸡，保证皮肉鲜嫩。制作过程也十分细致严谨：将鸡腿骨腌足一天；鸡塞入馅料后还要经过4个小时的自然风干，才能入炉烤制。整只鸡的加工烹制要耗时一天多！

这道脆皮糯米鸡既保留了精工制作、不厌其烦的顺德手工菜的传统，又体现了开拓创新的精神，难怪能吸引大批嘴刁的美食家前去品尝。有诗咏脆皮糯米鸡：

> 满腹奇珍散异香，皮甘肉嫩诱人尝。
> 新烹妙制私家菜，不复当年老凤凰[①]。

第十六节 榄仁炒肚尖

榄仁炒肚尖是黄连名厨、聚福山庄餐饮集团总顾问吴添权的拿手菜之一。这道菜是顺德小炒中的精品。

传统粤菜里的"前菜"，通常是两道热荤：一道是菜远炒胗球，所选材料虽然是寻常的鸡胗、鸭胗，但刀工精细，炒出来呈球状；另一道是榄仁炒肚尖，

---

① 老凤凰，指传统的脆皮糯米鸡。在粤菜中，鸡称"凤凰"。

榄仁炒肚尖

一定要用猪肚（胃）最顶尖、最厚的部位。猪肚的精华在其蒂即贲门部，由一部分环行肌转变成内斜肌，最为厚实，越厚质地越爽。而猪肚蒂的精华在于外层，切片称"肚尖"，起球称"肚仁"。油泡肚仁就是一款顺德名菜，而榄仁炒肚尖则是油泡肚仁的姐妹菜。过去热荤上桌，厨师的功力去到哪里便一目了然。用粤菜宗师黄瑞师傅的话来说，便是热荤就像两只"灯笼"，如果够功力够靓，一上菜就可以将客人吸引，再挑剔的食客也会被镇住。

榄仁炒肚尖堪称精品菜。据吴添权大师介绍，把大猪的新鲜肚蒂外层片成均匀的薄片（一个猪肚只能片出两三片），无需腌制，用少许姜汁拌过，然后洗净，再拌味拉嫩油后与炸榄仁炒匀即成。此菜味鲜而质爽脆，还有松化的口感。有诗咏榄仁炒肚尖：

盛宴初开上热荤，奇香诱得客争闻。
何须梦寄龙烹凤，玉蒂精尖品不群。

第十七节　鹧鸪鹅喉川贝汤

在 2009 年"东海一族杯"顺德靓汤评选中,黄连"大头华"的鹧鸪鹅喉川贝汤获"十大金牌靓汤"称号。

鹧鸪鹅喉川贝汤

鹧鸪鹅喉川贝汤制法

（一）用料

鹅喉（鹅气管）10 条，鹧鸪 2 只，川贝 3 克，南杏 20 颗，北杏（去尖）10 颗，无花果 3 粒，蜜枣 2 枚，陈皮 2 瓣，姜 2 片。

（二）制法

把鹧鸪褪毛宰净后"飞水"。将鹧鸪与鹅喉（不用"飞水"）以及其他原料放入炖盅内，注入 3 碗开水，炖 2 小时即可饮用。

（三）特点

清香，微甘，可口，有化痰止咳、平喘等功效。

（四）分量

可供 2 人饮用。

（五）说明

民间传统，鹅喉是专治气管炎的板方。据李时珍《本草纲目》记载："南人专以炙食充庖，云肉白而脆，味胜鸡雏。"这里说的是鹧鸪的美味。鹧鸪可以"补中消痰"，有食疗价值。清代《闽产录异》谓鹧鸪"烹之化痰"。加治咳良药川贝、南北杏同炖而成的药膳靓汤，对治疗咳嗽、支气管炎有奇效。

有诗咏鹧鸪鹅喉川贝汤：

> 靓汤灵药一身兼，贝母鹅喉两相[①]贤。
> 更赖南禽[②]施法力，长年老咳望风潜。

第十八节　八珍水鱼

八珍水鱼是黄连籍名厨吴添权师傅的拿手菜，也是"中华餐饮名店"聚福山庄的招牌菜。八珍水鱼是受顺德传统名菜穿心水鱼启发创制而成的。有诗咏八珍水鱼：

> 海陆奇珍做幕僚，顶盔贯甲巧烹调。
> 何来五味仙家菜，引得群饕食指摇？

1985年，顺德县饮食服务公司欧阳广源师傅创制了穿心水鱼一菜。所谓"穿心"，是将"火腩"（烤猪腹肉）件、冬菇件有序地排放入水鱼腹内，置换水鱼的内脏，盖上背甲，原只密封蒸扣至酥焓，外围分两层环绕炸独蒜子和西兰花做装饰。成菜鲜香浓郁，造型美观，创意十足。

穿心水鱼问世后，引出了一系列创新水鱼佳肴。八珍水鱼堪称穿心水鱼的升级版。

---

① 相（xiàng）：这里喻主要辅佐药。
② 南禽：鹧鸪的异称。

八珍水鱼（聚福山庄提供）

八珍水鱼菜品烹饪工艺标准

（一）用料

水鱼1只重2000—2500克。八珍料（发好海参、瑶柱、咸蛋黄、肫球、莲子、银杏、冬菇、栗子）各适量。料头：火腩、陈皮、生姜、葱。装饰料：西兰花。调味料：花生油、生粉、食用盐。

（二）制法

1. 将宰净的水鱼开边，汆水，起锅过油，加入火腩、生姜、葱、陈皮（少许）、上汤，扣一定时间。

2. 将水鱼褪去裙、骨后斩件上盘。

3. 备好八珍料放入水鱼腹内，有序排好，盖上甲壳。水鱼裙伴甲边，砌成完整水鱼形状。将水鱼放入盛器内，继续扣上一定时间至水鱼肉焓。

4. 扣好后，勾芡，淋上，西兰花给水鱼伴边点缀便成。

（三）关键工艺

1. 选用5年以上的深湖水鱼。

2. 讲究刀工，保持原只水鱼形状。

3. 辅料形状、大小恰到好处，美观地放入鱼甲壳覆盖范围内。

（四）感官要求

1. 外观：丰富饱满，色彩夺目。
2. 气味：鲜香味美。
3. 口感：层次多样，味蕾生津，老少皆宜。
4. 器皿：椭圆型器皿。
5. 烹饪技法：扣。

第十九节　蟹粉陈皮红烧肉

蟹粉陈皮红烧肉为2021顺德十大创新菜之一。创制者是黄连籍"中国烹饪大师""顺德名厨"关永忠。关师傅融合东坡肉和毛家红烧肉的特点，巧用天然果醋——荔枝醋和原个陈皮为五花肉减肥解腻增香，并用绝鲜的蟹肉蟹黄为五花肉增鲜。最妙的是用整个已经去苦去涩的陈皮盛着五花肉同烹同吃，让红烧肉清香而不腻；而陈皮盏吸收了肉的油脂，吃起来又香又融化，真是"妙处难与君说"。

蟹粉陈皮红烧肉制法

（一）用料

有皮五花肉750克，膏蟹1只，原个陈皮、荔枝醋、甜醋、姜、葱、香叶、八角、白酒、生粉、盐、味精、黄糖各适量。

（二）制法

1. 先将膏蟹洗净，放姜、葱、白酒蒸熟后去壳留蟹肉蟹黄，入锅内炒干炒香待用。
2. 原个陈皮提前浸发，五花肉洗净去毛过水切块，放入已调好的酱汁，慢火浸煮约30分钟。

蟹粉陈皮红烧肉

3.五花肉捞起,放入已发好的原个陈皮里,用原有酱汁与生粉勾芡,淋在红烧肉上。

4.将炒好的蟹黄蟹肉放在红烧肉上即可。

(三)特点

红烧肉吸收了陈皮的清香,再添上蟹肉蟹黄,令红烧肉吃起来肥而不腻,口感甘甜,味道浓郁,齿颊留香。

有诗咏蟹粉陈皮红烧肉:

> 红烧有肉学东坡,醢入离枝[①]味正和。
> 蟹粉增鲜堪赞绝,陈皮去腻胜新荷。

---

① 离枝是荔枝的别称。

第二十节　鲮鱼蒸猪颈肉

黄连籍粤菜大师关永忠于2013年在中央电视台科教频道（CCTV10）大型美食文化类系列节目《味道》上烹制了一道设计新奇的拿手菜——鲮鱼蒸猪颈肉。

鲮鱼蒸猪颈肉

这道菜"奇"在双鲜"合体"。猪颈肉就是猪脖子附近的肉，质地爽嫩，有肥有瘦，层次分明。一头猪才有多少猪颈肉？被誉为"黄金六两"。黄连叉烧所用的"中头䐁"就是猪颈肉。黄连人最爱用猪颈肉做家常菜，用鲮鱼蒸猪颈肉，堪称"双剑合璧"。清代美食家袁枚在他的美食经典《随园食单》中说："鸡、猪、鱼、鸭，豪杰之士也，各有本味，自成一家。"他强调强势的主料要避免同烹，以免"串味"。而烹饪史上却有"鱼羊鲜"等双鲜组合经典菜，顺德民间更有用肉丝、鲜虾蒸河鲜的做法，让菜肴鲜上加鲜。关永忠师傅借鉴了这种"双鲜组合法"，把鲮鱼宰净简单处理后，把猪颈肉丝、香菇丝、陈皮丝调味搅匀后，均匀地放在鲮鱼身上，上锅蒸20分钟，鲮鱼蒸猪颈肉便可上桌了。

这道菜中雪白的鲮鱼清香扑鼻，蒸汽的温度最高限度激发出肉的香气，但又完美地保留了鲜嫩的质感。猪肉是菜肴的主角，完全吸收了鲮鱼的鲜香，却保持了自身的嚼劲。节目主持人乌金表示这是她吃过的"世界上最好吃的猪肉"。有诗咏鲮鱼蒸猪颈肉：

> 黄金六两爽而鲜，娶得银鲮内助贤。
> 双杰同蒸堪绝配，家常小菜味之巅。

这是对传统肉丝清蒸河鲜进行逆向思维的产物。这一回，鱼成了配角。

第四章

传承黄连粤菜师傅文化

第一节　黄连粤菜师傅文化的价值

通俗理解，文化包含了一个社会发展的物质成果和精神成果的总和。黄连粤菜师傅文化包括黄连的特色菜肴、烹具、餐饮品牌等物质成果，同时反映了粤菜师傅们粗料精做、锐意进取、勇于创新的工匠精神。粤菜师傅文化作为顺德美食文化的组成部分，有其独特的经济和社会价值。

一方面，黄连粤菜师傅文化能够创造经济价值。文化的形成和发展根源于经济，黄连之所以名厨云集源自其优越的地理位置和经济环境。优越的地理环境和便利的交通使早期的黄连厨师们能够获得丰富的食材，并将自己在实践中探究的烹饪技艺传之四海，进而将黄连厨师的影响力扩展到全世界，同时将黄连厨师掌握的独门绝技代代相传，进而塑造了名厨辈出的文化氛围。另一方面，这种独特的文化又对社会经济发展产生了推动作用。黄连人"好吃"和"人人皆厨"的现象有力地推动了当地餐饮业的发展。黄连社区餐饮店林立，网红美食"大头华"美食、特色小吃珠记钵仔糕、顺德特色康记鱼生、顺德非遗美食酸梅酱、装修古典而精致的年丰楼、特色糕点天元饼家和连溪美点等餐饮美食店各具特色。根据黄连社区居委会统计，社区内私房菜、饭店多达30家（加上早餐店、消夜店共计上百家店铺）。随着黄连美食的影响力扩大，越来越多的外地食客到黄连"打卡"美食，并推动了当地民宿业和旅游业的发展。全民乐厨、全民皆厨的黄连粤菜师傅文化为社区的经济发展注入了活力，有力地推动了黄连社区饮食业和旅游业的发展，创造了经济财富。

同时，黄连粤菜师傅文化具有多重社会价值，有利于社区治理和促进居民对社区的认同。文化的力量在于凝聚人心和促进认同，为人们的"安身立命"提供强大的精神力量。黄连社区居委会日益意识到黄连粤菜师傅文化的价值，并将这种文化通过形式多样的乡村社区活动内化为人们的精神价值。每年黄连社区都会举办社区烹饪比赛，吸引了各个年龄段的居民踊跃参与，活跃了社区文化生活，通过老少皆宜而充满趣味的活动形式有效地传承了黄连粤菜师傅文化；增强了居民对粤菜师傅文化的集体记忆，使居民们在烹饪比赛中更加深刻地体会到了粤菜师傅们粗料精做、锐意创新的精髓，实现了文化对村民的教化作用，促进了村民对社区文化的认同。一年一度的"乡村美食周"是勒流街道的品牌活动，黄连厨师们施展厨艺，提升了街道居民对黄连美食和名厨的认知。厨师和美食文化不仅增强了乡村生活的丰富性，促进了乡村特色文化的发展，也为乡村社会治理提供了有效的手段。"黄连厨师"成为黄连社区居民引以为傲的称号，增强了村民的文化归属感和认同感，丰富了社区生活形式，促进了社区的和谐稳定。

粤菜师傅文化体现了粤菜师傅们精益求精的工匠精神。顺德是"厨师之乡"，而黄连则是其"根"，粗料精做、精益求精、锐意创新是顺德粤菜大师们共同遵循的理念。这种理念体现了时代所需要的工匠精神。当前，中国正在向文化强国和创新强国迈进，工匠精神则是不可或缺的时代精神。黄连粤菜师傅文化正是工匠精神在老百姓日常生活中的典范。

第二节　传承黄连粤菜师傅文化的意义

一、有助于顺德"世界美食之都"的建设

2014年12月，联合国教科文组织授予顺德"世界美食之都"称号。这是全球第六个批准入围创意城市网络的地区，也是继2010年成都成为"世界美食之都"之后中国第二个获此殊荣的地区。联合国对顺德饮食及饮食文化的认可，意味着顺德美食顺利通过评选的八大标准，已经具备美食品牌建设的基础

与底蕴，标志着顺德世界级美食品牌的确立，给顺德美食产业和城市[①]发展带来大机遇，推动了顺德餐饮产业和区域产业经济的升级发展，提升了顺德的城市品牌和国际形象，加快了顺德美食走向世界的步伐，促进了顺德美食的国际化交流与合作，将在世界范围内推广粤菜，推动粤菜的国际化发展。顺德荣获"世界美食之都"称号8年以来，餐饮行业和美食文化迅猛发展，尤其随着互联网和短视频的发展，以及2016年中央电视台纪录片《寻味顺德》的播出，使全国有更多的观众认识了"世界美食之都"顺德，节假日到顺德打卡美食的全国各地食客络绎不绝。越来越多的顺德美食，如双皮奶、烧鹅、鱼生、煲仔饭、粥底火锅等，渐渐为人们所熟知。

在顺德餐饮业迅速发展的同时，顺德政府、学界和饮食行业也在思考怎样让顺德美食文化和产业实现可持续发展，如何实现美食文化的传承。从文化的角度深入挖掘顺德美食产业的内涵，让人们深刻认识顺德粤菜师傅文化的精髓，进而自觉传承顺德美食文化是"世界美食之都"可持续发展的必然要求。由于黄连粤菜师傅文化是顺德美食文化的精华，传承黄连粤菜师傅文化对于发展和推广顺德美食产业无疑具有重要意义。黄连粤菜师傅文化的属性，黄连粤菜师傅文化的内涵，黄连粤菜师傅文化所形成的物质和精神成果，彰显了顺德粤菜师傅的精髓。传承粤菜师傅文化和擦亮黄连厨师品牌，对于顺德深入建设"世界美食之都"具有重要意义。

二、有助于振兴地方乡土文化

乡土文化是乡民生活的"根"。当前中国仍然处于城市化进程中，乡土文化的价值和重要性也日益被政府和社会所重视。正所谓"慎终归远，明德归厚"，乡土文化发挥着凝聚乡村社会和教化乡民的重要功能，挖掘和传承乡土传统文化，对于乡村的治理和稳定具有重要意义。乡土文化也为身处高速发展的社会

[①] 顺德于1992年成为县级市，2003年正式并入佛山市，成为佛山市辖区。本书将顺德描述为"城市"，即作为今佛山市的一部分理解。

环境下的中国人提供了另外一种精神家园。文化振兴同时是我国乡村振兴战略的主要内容之一。根据国家乡村振兴战略的规划，我国将在2050年实现"农业强、农村美、农民富"的格局。"产业兴旺、生态宜居、乡风文明、治理有效、生活富裕"是乡村振兴的总要求；"产业振兴、人才振兴、文化振兴、生态振兴、组织振兴"是乡村振兴的主要内容。根据乡村振兴的总要求，势必要求挖掘和重塑乡土文化资源，传承优秀和有特色的乡土文化。

当前顺德处于粤港澳大湾区的腹地。融合现代理念塑造特色鲜明的大湾区"新乡土文化"，助力人文湾区建设，让数十万港澳同胞与海外侨胞"望得见乡愁"，是顺德实现乡村振兴的必由之路。传承粤菜师傅文化对于乡村振兴有多重意义，既可以塑造具有特色和优质的乡土文化，为黄连社区居民提供重要的文化认同资源，同时可以培养更多顺德本土粤菜师傅和时代所需的"工匠"，为顺德"世界美食之都"建设提供人才支持。黄连粤菜师傅文化的传承还可以推进黄连社区乃至顺德美食产业发展，从文化振兴、人才振兴、产业振兴多方面助力乡村振兴。

三、有助于"粤菜师傅"工程建设

2018年4月26日，时任中共广东省委书记李希提出要实施"粤菜师傅"工程，推动一二三产业融合发展。2018年8月30日，广东省人力资源和社会保障厅印发了《广东省"粤菜师傅"工程实施方案》，指出："全力推进实施全省乡村振兴战略，采取职业培训与学制教育相结合模式，大规模开展粤菜师傅职业技能教育培训，提升粤菜烹饪技能人才培养能力和质量；创新'粤菜师傅+旅游'等模式，促进城乡劳动者就业创业；创新'粤菜师傅+岭南饮食文化'等模式，打造'粤菜师傅'文化品牌，提升岭南饮食文化海内外影响力。"2019年2月18日，中共中央国务院印发《粤港澳大湾区发展规划纲要》，提出要"共建人文湾区"，"支持香港、澳门、广州、佛山（顺德）弘扬特色饮食文化，共建'世界美食之都'"。2019年3月，佛山市人力资源和社会保障局印发了《佛山市"粤菜师傅"工程实施方案》，指出要进一步擦亮"世界美食之都""食在广东、厨出佛山"金字招牌,努力将佛山打造成为世界知名的"粤菜粤厨名城"。具体来说,佛山将利用3年时间,全面实施"厨出佛山"粤菜师傅培育工程、"寻味佛山"粤菜美食体验工程、"佛味鲜生"优质粤菜食材建设工程、"佛味秀世界"粤菜粤厨走出去工程、"佛游味劲"文旅餐饮融合发展工程等五大重点工程。

顺德作为"世界美食之都",通过深入实施"粤菜师傅"工程,培育、认定一批具有深厚文化底蕴、鲜明文化特色的美食名街、名镇(乡)、名企、名店及名宴、名菜、名点、名小吃,培养更多餐饮、烹饪专业人才,举办高端美食论坛、厨艺交流互动、大型美食品鉴活动等,可以全方位、多角度展示、传承、发展和创新粤菜文化,既是弘扬顺德饮食文化、提升粤菜餐饮文化竞争力和影响力的重要举措,也是深化顺德服务业、满足人民群众美好生活需求的重要措施,又是进一步促消费、稳增长、扩就业、惠民生的重要内容,更是展现顺德文化魅力、扩大对外开放水平、提升城市形象的重要手段。

黄连粤菜师傅文化的传承无疑对"粤菜师傅"工程建设具有重要意义。黄连社区是顺德粤菜名厨最集中的村落(社区)。面积仅3.65平方千米,常住人口不满1万的黄连,却有老、中、青厨师(包括近几年故去的)近500名。2020年黄连社区荣获"广东粤菜师傅名村"称号。黄连名厨辈出的同时,各具特色的餐饮店、网红美食、历史悠久的小吃也涌现了出来。黄连厨师们通过从厨改变了自己乃至家庭的生活。同时将粤菜厨师和粤菜的品牌影响力扩展到了世界,将粤菜师傅打造成弘扬南粤饮食文化的国际名片。这正是"粤菜师傅"工程要达到的目标。

第三节　黄连粤菜师傅文化调研

当我们认识到黄连粤菜师傅文化的价值和传承黄连粤菜师傅文化的意义,

那么传承黄连粤菜师傅文化何以可能？以黄连厨师为代表的顺德粤菜厨师们的现状是怎样的？在以黄连厨师为代表的粤菜师傅传承过程中存在哪些困难？这些问题是推进黄连粤菜师傅文化建设必须要探究的。厨师文化传承和"粤菜师傅"工程建设的关键是将粤菜厨师的技能和精神一代代传承下去。针对粤菜厨师传承存在的问题，课题组对顺德粤菜厨师进行了调研。[①]问卷分为4个部分：第一部分是调研对象的基本情况，包括性别、年龄、受教育程度、厨师等级、厨师岗位、做厨师的时间、工资收入等方面的内容；第二部分是调研对象做厨师的经历，包括选择做厨师的初衷、如何习得厨艺技能、是否接受过餐饮企业的培训、目前收入情况、擅长制作的菜品等方面的内容；第三部分是调研对象对粤菜和粤菜师傅，包括粤菜的发展现状、粤菜师傅的社会需求、粤菜师傅的社会形象、如何推广粤菜品牌、创业障碍等方面的内容；第四部分是调研对象未来的计划，包括打算在厨师行业继续干多久、是否打算转行等方面的内容。

此次调查共发放问卷150份，收回143份，在剔除了部分无效问卷后，共得到有效问卷127份，有效率约为84.7%。

一、调研概况

表4-1 调研对象的基本情况

性别	人数	占比
男	96	75.59%
女	31	24.41%
年龄	人数	占比
18岁以下	4	3.15%
18—30岁	27	21.26%
31—45岁	33	25.98%
46—60岁	48	37.80%
60岁以上	15	11.81%

[①] 本次调研由顺德职业技术学院酒店与旅游管理学院綦恩周副教授主持。

(续上表)

受教育程度	人数	占比
高中、中专以下	43	33.86%
高中、中专	68	53.54%
大专	14	11.02%
本科	2	1.57%
研究生	0	0.00%
厨师等级	**人数**	**占比**
无	6	4.72%
初级	1	0.79%
中级	28	22.05%
高级	70	55.12%
技师	18	14.17%
高级技师	4	3.15%
其他	0	0.00%
厨师岗位	**人数**	**占比**
行政总厨	2	1.58%
厨师长	11	8.66%
掌勺厨师	64	50.40%
配菜	8	6.30%
面点	22	17.32%
烧卤	14	11.02%
其他	6	4.72%
做厨师的时间	**人数**	**占比**
3 年以内	10	7.87%
3—5 年	10	7.87%
5—8 年	11	8.66%
8—12 年	43	33.86%
12—15 年	13	10.24%
15—20 年	15	11.81%
20 年以上	25	19.69%
工资收入	**人数**	**占比**
3000 元以下	8	6.30%
3000—5000 元	18	14.17%
5000—8000 元	56	44.09%
8000—10000 元	37	29.13%
10000—15000 元	7	5.52%
15000 元以上	1	0.79%

由表 4-1 可知：46—60 岁的厨师在调研对象中所占的比例最大（37.80%），其次是 31—45 岁的厨师（25.98%），可见中老年厨师是目前顺德厨师的中流砥柱；53.34% 的厨师学历为高中、中专，说明目前顺德粤菜厨师的学历普遍偏低；55.12% 的厨师获得了高级厨师证书；50.40% 的厨师的岗位为掌勺厨师；工作 8—12 年的厨师数量最多，占调研对象的 33.86%；月收入 5000—8000 元的厨师数量最多，占调研对象的 44.09%。

表 4-2 调研对象做厨师的经历

选择做厨师的初衷	人数	占比
喜欢厨艺	28	22.05%
家庭或身边人的影响	30	23.62%
进入门槛低，容易赚钱	58	45.67%
受广告影响	8	6.30%
其他	3	2.36%
如何习得厨艺技能	人数	占比
拜师	55	43.31%
学校学厨	40	31.50%
自学成才	27	21.26%
其他	5	3.93%
是否接受过餐饮企业的培训	人数	占比
是	30	23.62%
否	97	76.38%
目前收入情况	人数	占比
非常低	20	15.75%
勉强糊口	37	29.13%
能满足日常消费	62	48.82%
非常富裕	8	6.30%
擅长制作的菜品	人数	占比
广府风味菜、广式点心、广式烧味	63	49.61%
客家风味菜、客家风味点心	24	18.89%
潮式风味菜、潮式风味点心、潮式卤味	40	31.50%

由表 4-2 可知：选择做厨师的初衷为"进入门槛低，容易赚钱"的调研对象所占的比例最高，达 45.67%；44.13% 的厨师是通过拜师学习厨艺的，其次是通过学校学厨（31.50%）；76.38% 的厨师表示没有接受过餐饮企业的培训；48.82% 的厨师表示自己的收入能满足日常消费；49.61% 擅长制作广府风味菜、广式点心和广式烧味。

表 4-3　调研对象对粤菜和粤菜师傅的看法

粤菜的发展现状	人数	占比
受到各方支持，有良好的发展前景	86	67.71%
很多人不知道粤菜的魅力，还有很大的发展潜力	25	19.69%
粤菜很难发展起来，持悲观态度	12	9.45%
其他	4	3.15%
粤菜师傅的社会需求	人数	占比
社会需求量很大	58	45.67%
社会需求量一般	50	39.37%
社会需求量很低	19	14.96%
粤菜师傅的社会形象	人数	占比
没有存在感	25	19.69%
一般	80	62.99%
在部分地区很吃香	12	9.45%
有很高知名度	10	7.87%
其他	0	0.00%
如何推广粤菜品牌（多选）	人数	占比
打造一批粤菜美食名品	75	59.06%
擦亮粤菜师傅个人品牌	20	15.75%
打造一批粤菜美食名店	80	62.99%
规划粤菜品尝经典旅游线路	20	15.75%
加大线上线下宣传力度	78	61.42%
其他	25	19.69%
创业障碍（多选）	人数	占比
基础设施赶不上	48	37.80%
找不到投资的方向和项目	48	37.80%
创业风险太大	80	62.99%

（续上表）

创业障碍（多选）	人数	占比
家人不支持	25	19.69%
缺乏合伙人	68	53.54%
没有创业经验	74	58.27%
缺乏资金	87	68.50%
其他	47	37.01%

注：本表中"如何推广粤菜品牌"和"创业障碍"为多选，同一份问卷可以同时选择多个选项，故人数相加超过127，占比相加超过100%。

在由表4-3可知：67.72%的厨师认为当前粤菜受到各方支持，有良好的发展前景；45.67%的厨师认为粤菜师傅的社会需求量很大，39.37%的厨师认为粤菜师傅的社会需求量一般；62.99%的厨师认为粤菜师傅的社会形象一般，仅有7.87%的厨师认为粤菜师傅有很高的知名度，说明粤菜师傅的社会地位亟待提高；为了推广粤菜品牌，62.99%的厨师认为应当打造一批粤菜美食名店，61.42%的厨师认为应当加大线上线下宣传力度，59.06%的厨师认为应当打造一批粤菜美食名品；缺乏资金（68.50%）、创业风险太大（62.99%）、没有创业经验（58.27%）排在创业障碍的前三位，是当前粤菜师傅创业过程中面临的主要困难。

表4-4 调研对象未来的计划

打算在厨师行业继续干多久	人数	占比
短期发展（1—2年）	12	9.45%
中期尝试（5年左右）	35	27.56%
长期发展（10年以上）	80	62.99%
是否打算转行	人数	占比
是	34	26.77%
否	93	73.23%

由表4-4可知：62.99%的粤菜师傅打算在厨师行业长期发展（10年以上）；73.23%的厨师不打算转行。这反映出顺德粤菜师傅对本职工作的执着和坚守。

二、粤菜师傅传承存在的问题分析

通过上述调研，可以总结出目前顺德粤菜师傅存在的突出问题，具体表现在以下几个方面。

（一）青黄不接

烹饪是个技术活，也是个体力活。厨艺是用汗水换来的，没有长时间的积累和训练，根本没办法学好做好。通过调研可以看出，顺德粤菜师傅队伍目前青黄不接。一方面，目前粤菜厨师的技艺大都是由师傅传承下来的，缺乏理论素养和文化知识，大规模系统培训存在困难；另一方面，20世纪90年代后，随着顺德经济腾飞，年轻一代更愿意投身制造业，越来越少的年轻人有意愿进入厨师行业，给厨艺传承带来了断层危机。厨师学厨，尤其是中餐厨师，必须要肯做肯学，还要能吃苦。现在的年轻一代大多缺乏耐性，过于急躁，缺乏用时间去打磨厨艺的耐心和毅力，导致顺德粤菜师傅处于青黄不接的窘境。

（二）粤菜师傅缺乏对粤菜文化的认识和职业自豪感

粤菜历史悠久，源自汉越融合，兼受荆楚文化影响，起源可远溯至距今2000多年前的汉代。经历了2000多年的发展历程后，到了晚清时期已渐成熟。漫长的岁月，使粤菜既继承了中原饮食文化的传统，又博采外来烹饪精华，一日三餐凝聚生活智慧。然而，缺乏对粤菜文化的认识和职业自豪感，成为挡住年轻人在厨师行业就业、创业的一道门槛。很多人只是把厨师行业当成谋生的手段和养家糊口的饭碗，大多还处于"学一门技术、能找到一份工"的阶段，缺乏对粤菜文化的系统认识和深刻把握。此外，厨师大多从事后台工作，本身缺乏机会和渠道与顾客进行沟通互动，并不知道自己的菜受欢迎的程度，较难获得职业自豪感，较少为行业和社会所认知和认可，再加上学习过程漫长且辛苦，导致年轻人产生"没文化的才来学厨""厨师都是一帮粗人，没文化、没前途"等社会传统偏见和错误观念，对厨师这份工作缺乏职业认同感。

（三）粤菜师傅出师后缺乏系统专业的培训

由表4-2可知：76.38%的厨师表示没有接受过餐饮企业的培训。这说明很多厨师出师后的后续培训不足，影响了其技能的进一步提高，特别是妨碍了其进行创业的意愿。粤菜师傅创业并非一蹴而就，创业开餐馆不能只懂做菜，还涉及财务、管理、营销、市场调查、创新研发、员工培训等技能。当前顺德粤菜师傅大多学历不高、知识面不全，要带动粤菜师傅创业还要补齐不少短板。因此，粤菜师傅的培训，不能局限于菜品制作、烹饪技能的提高，而是应该从更宏观的角度，有针对性地提供创业课程，发动社会力量投资和孵化相关创业项目，将粤菜师傅从厨师转变为经营者、管理者，提高他们的创新创业能力。

（四）粤菜师傅的文化水平有待提高

由表 4-1 可知：高中、中专及以下学历的厨师占总调研对象的 87.40%。这说明目前顺德厨师的学历普遍偏低，文化水平不高。如今已经不是一个唯学历的年代，但学历对于人们来说还是非常重要的，因为学历和受教育程度在某种程度上会影响厨师的长远发展。《粤港澳大湾区发展规划纲要》再次重申粤港澳大湾区建设在推进"一带一路"方面的重要作用，而作为粤港澳大湾区的重要组成部分，顺德必然要充分借助自身开放发展的基础和优势，积极拓展对内对外开放新内涵、新空间、新领域，积极融入大湾区建设和"一带一路"。顺德粤菜师傅的培养，不仅要适应国内餐饮市场的需求，还应将目光对准国际市场，加大对国际化烹饪在专业人才的培养，提高粤菜师傅的理论文化水平和英语口语能力、人际沟通能力，积极参加国际厨艺交流、国际标准培训、国际考核评定等工作；通过顺德粤菜师傅对外输出，提升厨艺教学标准，与国际接轨，搭建优秀厨师境外就业渠道，引领粤菜师傅及岭南饮食文化品牌走向世界。

第四节　传承黄连粤菜师傅文化的对策

如何破除粤菜师傅文化传承和推广的困境，擦亮黄连粤菜师傅品牌，下面将从制定文化政策、展示文化特性、营造文化景观、发展文化产业等 4 个层面提出相关建设对策,为黄连粤菜师傅文化增添生命力,打造黄连粤菜师傅文化品牌。

一、制定文化政策,规范黄连粤菜师傅文化建设

文化政策是文化传承和有序发展的基本保障。文化政策可以为文化发展提供经济、物力、人力、组织等多方面的发展保障。作为一种乡土和社区文化,黄连粤菜师傅文化的发展和传承主要由地方政府和基层社区共同制定相关政策。顺德区文化建设和"粤菜师傅"工程相关职能部门要统筹规划,给予黄连粤菜师傅文化建设相关政策指导和资金支持。

(一)做好文化传承的顶层设计

顺德区"粤菜师傅"工程建设相关职能部门要充分认识黄连粤菜师傅文化的价值,根据《广东省"粤菜师傅"工程实施方案》和《佛山市"粤菜师傅"工程实施方案》做好黄连粤菜师傅文化传承的顶层设计,积极将黄连粤菜师傅文化品牌打造成"粤菜师傅"工程的亮点项目,统筹协调解决黄连粤菜师傅文化项目推进中的重大问题,制定工作方案,明确工作目标和措施,给予资金和社会资源支持,积极推进落实,开展项目督促检查。如顺德区人民政府可以结合黄连社区实际设计黄连粤菜师傅培育工程、黄连美食文化体验工程、黄连粤菜食材推广工程、黄连美食文旅产业促进工程,通过系统性的政策和制度设计推动黄连粤菜师傅文化发展。

(二)形成文化传承的共建机制

政府相关职能部门要调动和激励顺德本土高校、厨师协会、餐饮行业、社会组织、社区、学者、媒体、黄连名厨等多方力量的积极性,共同探究粤菜师傅文化的特性和价值,以及传承和推广的对策。政府和社区可以借助顺德本地高校(如顺德职业技术学院)特有的师资和专业优势,针对粤菜师傅文化的提炼、传承、推广、交流等方面开展系列研究与实践。顺德职业技术学院有烹饪专业、旅游专业资源,相关专业教师对顺德申报"世界美食之都"作出过重要

贡献，对顺德美食文化和文旅资源开发做过系统研究。通过学院专业师资力量可以拓展黄连粤菜师傅文化研究和传承的视野，提供更客观的科学研究。社区要牵头联动厨师协会、高校、社会组织、餐饮行业开展更多的粤菜师傅交流活动，如厨艺展示和技能比赛、文化交流、美食体验等。学者要进一步挖掘粤菜师傅文化的历史和价值，梳理和整理粤菜师傅文化素材，形成更多关于粤菜师傅文化的著作。根据项目组对黄连游客的调研，[①]有60.53%的游客通过网络渠道了解黄连美食，44.74%的游客通过电视和广播了解黄连美食（第218页问题5为多选题，故此处两组数据相加超过100%）。因此，媒体工作者要将传统媒体和新媒体结合起来，加强对粤菜师傅文化的宣传。

（三）制定文化传承的人才政策

黄连粤菜师傅文化传承的关键是一代代年轻人自觉承担粤菜师傅的角色和传承粤菜技艺。针对粤菜师傅青黄不接和缺乏培训等问题，政府要引导青少年更加深入认识粤菜师傅文化和顺德美食文化，通过"粤菜师傅进校园"、夏令营、美食研学等活动形式，增进青少年对粤菜师傅文化的认识和认同。与此同时，要加强对青年厨师的培训，可以邀请黄连名厨参与粤菜厨师培训和粤菜工艺流程的制定，依托"粤菜师傅"大师工作室调动黄连名厨积极参与粤菜师傅培训平台建设、粤菜烹饪技能标准开发和粤菜师傅评价认定相关工作。还可以借助专业院校的力量提升粤菜师傅学习和培训的系统性，弥补传统粤菜厨师师徒传承或家族传承的单一性的不足，帮助在校学生和社会就业青年积极看待厨师行业，提升粤菜厨师培训的规范性。

针对黄连的粤菜厨师学历普遍偏低、文化程度不高的情况，政府和社区要引导厨师积极提升文化程度，加强"厨德、厨技、厨政"，组织厨师参加进修、交流、外出学习、理论学习等活动，汇编餐饮业书籍供厨师学习，拓展黄连厨师的文化视野和国际视野，培育一批黄连厨师成为有厨德、懂厨技、擅厨政的

[①] 本调研由黄连粤菜师傅文化项目组开展，调研问卷见附录二中的"二、游客对黄连美食的认知调查"。

"大头华"烧腊店获评佛山市"粤菜师傅"大师工作室

粤菜名厨名师。这是粤菜走向国际和不断创新的必要条件。

与此同时,黄连社区可以组织黄连粤菜名厨积极申报"中国烹饪大师""中国烹饪名师""顺德名厨"等荣誉称号,建立黄连高层次粤菜师傅人才专项数据库,准确掌握人才信息。建立现代信息技术系统,实现粤菜师傅人才信息全面、准确、实时、动态的管理和人才信息资源共享,为粤菜名厨交流和展示、企业用工和餐饮专业人才就业创业提供服务。组织黄连粤菜名厨参与和申报粤菜师傅相关的职业资格评价、职业技能等级认定等工作,以及开发粤菜厨师职业培训包,制定培养目标、开发培训教材、明确培训内容和课程规范等,引导黄连社区烹饪名师积极服务社会,提升黄连厨师的知名度和影响力。

在黄连社区建立"粤菜师傅"大师工作室,依托工作室平台整合厨师培训资源,形成人才培训、菜式研发、厨艺交流、技能展示的平台。"粤菜师傅"大师工作室可以从粤菜师傅的合力、粤菜师傅培训基地、粤菜师傅培训资源等多方面为黄连粤菜师傅文化传承提供支持。"粤菜师傅"大师工作室可以联动粤菜师傅,使粤菜师傅们有交流厨艺的空间,形成厨师文化传承的联盟和合力。"粤菜师傅"大师工作室还充分利用名师带徒弟的方式培养顺德粤菜师傅技能

"刘绍华'粤菜师傅'大师工作室"人才荟萃

人才,提供专项经费用于培训、提升黄连餐饮行业人员技能和开展、美食文化传承项目等工作。"粤菜师傅"大师工作室也是黄连社区当前传承黄连粤菜师傅文化的重要举措。2022年1月12日,佛山市"刘绍华'粤菜师傅'大师工作室"在勒流黄连"大头华"烧腊店揭幕。这是勒流首个市级"粤菜师傅"大师工作室。该大师工作室的成员还有顺德潮汇餐饮有限公司运营总监何盛良、欢姐烹饪职业培训学校副校长梁国华,以及刘绍华的妻子钟秀云和儿子刘家勇。"刘绍华'粤菜师傅'大师工作室"将以师带徒的形式进行培训,培养和提升粤菜师傅的技能,专注菜品的研发、发掘和创新。"刘绍华'粤菜师傅'大师工作室"除了必要的硬件条件和团队力量外,还建立了各项建设管理制度,如会议交流和学习、档案管理、工作室的组织管理和工作制度、奖金和经费管理制度、技能室管理制度等。通过设置各项制度,黄连粤菜厨师培训的规范性有所提升。

二、展示文化特性,提升黄连粤菜师傅文化知名度

一种文化能否传承关键在于其是否具有生命力。黄连粤菜厨师之所以能够

代代相传，除了黄连社区优越的地理环境和经济等外部条件，还在于黄连粤菜师傅文化自身的特性。黄连厨师们对烹饪和美食的喜好，以及黄连粤菜厨师粗料精做、人人皆厨、锐意创新、不畏艰苦等精神，都是黄连厨师得以代代相传的原因。在这种"匠心"精神驱动下，黄连名厨辈出，创意菜式众多，餐饮名店林立。然而，当前外界对于黄连社区和黄连粤菜师傅文化仍然比较陌生。尽管互联网时代推动了"大头华"烧鹅等网红美食为观众熟知，大众对于黄连粤菜师傅文化的认知仍然非常有限。因此，传承黄连粤菜师傅文化需要通过多重手段展示黄连粤菜师傅文化的特点，提升黄连粤菜师傅文化品牌的知名度。

（一）通过影像作品展示黄连厨师故事

随着移动数字技术和智能手机的发展，电视、电影、纪录片、短视频、照片等各种视觉图像成为当今时代主流的大众文化形式，人们每天消费大量的图像产品。相对于传统文字媒介，图像媒介的宣传效果呈现几何级的增强。图像时代的到来也为大众文化提供了宣传的契机。在美食文化领域的典型例子有《寻味顺德》。"世界美食之都"顺德被全国观众所熟知无疑与中央电视台精心制作的纪录片《寻味顺德》有着重要的关系。据统计，通过中央电视台播出渠道收看《寻味顺德》的观众超过20亿人次。《寻味顺德》在中央电视台各频道及20多家省级卫视播出的同时，也发布在腾讯、爱奇艺、凤凰等网站，点击量达6亿多人次。《寻味顺德》的播出使得黄连厨师和美食得到了广泛的宣传。"大头华"烧鹅正是通过该纪录片成为了网红美食，很多食客慕名过来打卡。关于《寻味顺德》的魅力，有分析认为："纪录片《寻味顺德》抓住美食之乡这一极具吸引力和地域标识的形象符号，发掘城市的本土特征，提炼城市的文化内涵，将抽象的顺德文化形象进行具象的演绎和勾勒，塑造出一个有温度、有态度、立体鲜活的顺德形象。"[①] 这种宣传手段非常适合厨师和饮食文化主题，人们在这些纪录片中也更能产生真正的共鸣。根据项目组对黄连游客的调研，

---

① 刘娜：《城市形象建构的路径探索——以纪录片＜寻味顺德＞为例》，《美与时代（上旬刊）》2020年第10期。

有78.95%的游客看过《寻味顺德》；《寻味顺德》播出后，76.32%的游客去过栏目中的网红点。

黄连粤菜师傅文化品牌的展示也可以借助这种影像化的方式，通过纪录片、微电影、短视频、微课程等影像方式展示黄连粤菜厨师们的烹饪技艺和创业精神，以形象化和感性化的手段呈现黄连厨师的"匠心"。与此同时，也可以邀请黄连厨师参加电视节目中的技能展示和竞赛活动，如广东卫视的《技行天下》节目。该节目面向全省网罗职业技能人才，比拼机电一体化、模具制作、糖果、面点制作、物流、调酒等竞技项目；除了邀请知名专家评判、明星名嘴支持外，还会挖掘选手背后的感人故事。邀请黄连青年粤菜厨师参与《技行天下》这类真人竞技节目无疑有助于宣传黄连厨师的故事和精神。此外，娱乐性的综艺节目也有助于黄连粤菜师傅文化的宣传，如热播综艺《极限挑战》曾赴黄连录制，从而造就了"百益桑拿鸡""康记鱼生"等网红名店。年轻一辈的黄连厨师也日益重视网络和影像的宣传手段，积极寻求通过微电影、纪录片、短视频等方式宣传自家餐饮店。但个体的力量仍然非常薄弱，还需要政府、媒体工作者、社会力量共同推进黄连粤菜师傅文化走向线上和荧屏。

（二）通过技能比赛展示黄连厨师力量

顺德全民乐厨、全民皆厨，厨艺发达的根基在民间。寻常百姓能以最家常、最地道的方式烹制出顺德菜的原味精髓，实现民间美食与厨艺的传承。由顺德区人民政府主办的顺德私房菜大赛作为全区性的美食品牌活动自2006年开始，至今已连续举办了16年，是全面展现顺德全民乐厨、全民皆厨的大舞台。顺德私房菜大赛经过16年的沉淀已经成为顺德美食的一个品牌赛事，参赛品种、亮点一届多过一届，为营造全民乐厨、全民皆厨的氛围和提升民间烹饪水平起到了良好的作用，丰富了顺德"世界美食之都"的文化内涵，挖掘出不少民间厨神，不少民间高手甚至走上了开店专职经营顺德美食的道路。如"大头华"通过顺德私房菜大赛出名，其妻钟秀云通过该赛事走向了学厨之路，使得"大头华"烧鹅成为实力雄厚和独具特色的夫妻店。为了激发黄连民间厨师的力量，黄连社区每年会举办烹饪比赛，活动老少皆宜，成为社区民间厨师展示自己拿

2020年勒流乡村美食文旅周启动仪式

黄连社区烹饪比赛现场

手绝活的重要平台。同时，勒流街道每年还会举行乡村美食文旅周，为技能展示和品味美食提供平台，满足大众的口腹之欲。除此之外，黄连社区还可以策划设置"厨师文化节"等活动，进行厨艺展示和技能比拼，营造全民乐厨、全民皆厨的文化氛围。

（三）通过文化交流展示黄连厨师品牌

交流有利于黄连粤菜师傅文化走向大众和走向国际。顺德在推进"粤菜师傅"工程的过程中积极开展"顺德名厨"学堂建设，联合名厨资源，为市民和游客提供与名厨对话、向名厨学习的烹饪教学体验；面向餐饮从业人员，推出创新摆盘设计、营养膳食搭配、新款面点制作等不同专题内容的烹饪行业培训。学习和交流活动有利于进一步促进顺德餐饮企业的管理水平和厨师技艺的提升，加速粤菜的传承与发展，推动顺德餐饮业发展。黄连厨师也在积极走向民间，部分黄连粤菜师傅逐渐告别餐饮行业，开始走向高校和学堂，将自己的拿手绝活传承下去。"中国烹饪大师"梁国华曾在伦教星福酒家担任总经理，现在担任"欢的烧腊"食品研发中心主任，并在欢姐烹饪职业培训学校担任副校长，主要从事餐饮交流和培训活动。"中国烹饪大师"关永忠在顺德职业技术学院担任兼职教师，从事烹饪交流和教学活动。2015年起，关永忠多次代表顺德区前往贵阳、云浮、台湾等地进行美食交流，在推广顺德美食文化的同时，学习不同地方的烹饪技巧，为顺德菜的创新作出贡献，提升了黄连厨师的影响力。现任顺德厨师协会副会长的关永忠，还担任广东省餐饮服务行业协会第二届职业经理人专业委员会委员，后任广州电视台《搵食珠三角》、佛山电台《百味家常》等节目的嘉宾，还成为顺德电台《粤食粤精彩》节目的常驻嘉宾，通过线上节目传播粤菜烹饪和美食文化。

除此之外，黄连厨师还可以走向国际。借助"世界美食之都"的创意城市网络，中共顺德区委、顺德区人民政府每年还会组织顺德厨师积极走出去，加强美食宣传推广和厨艺的交流互动，以提升和维护"世界美食之都"品牌。目前，"顺德名厨"已先后走进了新加坡、马来西亚、日本等多个国家和我国港澳地区。2018年，在上海举办的第十二届亚洲名厨精英荟上，顺德厨师协会代表队以对传统菜式的创意改良、食材搭配让评委眼前一亮，5道菜式分别斩获至尊金奖1项、金奖2项、银奖

黄连籍名厨关永忠主持顺德电台《粤食粤精彩》

2 项,同时还获颁第十二届亚洲名厨精英荟最佳搭配奖。特别是 2018 年 6 月由顺德区饮食协会主办的"蓉顺澳三地厨艺交流暨名菜品鉴晚宴"和由澳门顺德工商业联合会主办的"世界美食之都(中国)荟聚濠江"活动,通过美食交流、美食展示、慈善宴会等活动,集中展现三地美食,有力推动了美食文化的弘扬和美食产业的发展。黄连厨师积极参加高层次交流活动无疑有助于提升黄连厨师的知名度和影响力,进一步擦亮黄连粤菜师傅文化品牌。

三、营造文化景观,提升黄连粤菜师傅文化认同感

文化景观是文化最直观的体验,能够通过实景呈现、集体记忆、历史资料展现文化的魅力。文化景观包括有形的景观(如可见的作品、器物、服饰、建筑等元素)和无形的景观(如文化仪式和活动等)。文化景观对于文化的认同和传承有着直接作用。文化景观需要政府、社区、学校和社会力量共同打造。

(一)营造学术文化景观

科学研究是对文化进行系统探究、整理和提炼的过程中必不可少的环节,有利于通过科学的方法呈现文化的形态、特点、历史传承、当代价值等。通过科学研究产生的文化著作能够构成一道学术景观,帮助大众认识文化的价值和魅力,进而增强对文化的理解和认同,并自觉担负起传承文化的使命。廖锡祥老师 1946 年 5 月出生,1968 年毕业于中山大学,对顺德原生美食孜孜以求,不断搜集、梳理其渊源、脉络、技巧、掌故并升华为理论,获得了业界的广泛认同,协助顺德申报"世界美食之都",对顺德美食的形象塑造作出了无可替代的贡献。他独著或与人合著的美食著作有《顺德菜精选(广东菜系)》《珠三角特色菜》《新潮广东菜》《鱼 300 味》《精制广东菜》《巧制广东菜》《食典寻源——顺德名菜的美味故事》《顺德菜烹调秘笈》《顺德原生美食》《味道顺德》《美味顺德》《顺德名厨》《顺德美食在海外》《顺德美食竹枝词》等几十部,被誉为"顺德美食研究先行者""顺德美食文化传承人",更被当地政府授予"美食推广大使"称号。廖锡祥老师通过研究工作对顺德美食文化的梳理和传播作出了重要贡献,成为顺德美食和粤菜师傅文化中一道学术景观。

廖锡祥老师出版的美食文化类著作

但总体来说,在顺德美食和粤菜师傅文化的发展过程中,顺德美食和粤菜师傅文化研究的文献仍然非常有限,搜集与整理工作存在不足,对当代的粤菜厨师、饮食名店、厨艺流程等记载不够。已有的研究集中在顺德美食研究先行者廖锡祥老师手中。

黄连粤菜师傅文化既有传统粤菜师傅"粗料精做"的共性,也有自身文化的个性,如源远流长、行走天下、本土固守、人人皆厨、家族传承等特征。传承黄连粤菜师傅文化需要文化学者对黄连粤菜师傅文化的根源、黄连"厨师之乡"的由来、厨师的结构、粤菜师傅文化的精神、厨师故事和菜式进行系统的整理,并形成学术著作。系统的梳理和客观的研究有助于大众了解黄连粤菜师傅文化,意识到黄连粤菜师傅文化的价值,进而自发地弘扬和传承。当然,黄连社区也意识到学术研究和资料整理对于黄连粤菜师傅文化的价值。黄连本土文化学者梁景裕、李健明等先生撰写了反映黄连历史文化的著作,如《黄连故事》[①]《黄连——熟悉的地方有风景(卷二)》等。这些著作中提到了黄连厨师、美食,但不够全面和系统,需要一进步对黄连粤菜师傅文化进行

---

① 黄连社区居委会编《黄连故事》,内部资料,2021年。

整理和提炼。

除了学术研究，政府和黄连社区还可以邀请文化学者到黄连开展厨师和美食文化的学术交流活动，正如顺德本地知名文化学者李健明所说：

> 我们既需要更多来自世界各地的文化和理论精英，对顺德文化进行丰富、提炼、提升与宣传，也需要众多对顺德具有深厚感情和深刻认识的本地文化人士对顺德历史文化和人文精神进行传承、研究、弘扬和推广。两股力量的有效融合，必将为顺德大气魄发展文化事业奠定坚实的人文基础。

本地知名文化人士长期有效的扶持与培养，推广与宣传，也是吸引各地人才前来发展和鼓励本地人才砥砺前行、多出精品的要素，更是一个现代城市提升软实力，促进城市文明和发展的有效手段。定期开展研讨和培训等学术活动，通过口述和研讨等形式展现黄连粤菜师傅文化鲜活的面貌，与学术著作一起形成一道丰富的学术景观，可以推动黄连粤菜师傅文化的传承和创新发展。

（二）建设物质文化景观

物质文化景观指文化中各种可见、有形的，或者通过物质形式展现文化的成果，如陈列馆、博物馆、文化馆等。就粤菜师傅文化而言，各种可见的餐饮店、烹具以及美食都是其物质文化景观；同时与饮食文化相关的陈列馆、博物馆、文化馆也是粤菜师傅文化的组成部门。物质文化景观给予大众最直观的体验，通过实景呈现、感官体验等方式展现文化的特性和魅力；大众在感官体验、情感投入、理性认知中加强了对文化的了解和认同。因此，建设物质文化景观是文化推广和传承的重要举措。

黄连粤菜师傅文化的重要组成部分是其丰富的物质文化景观。在餐饮店方面，网红"大头华"、康记鱼生，历史悠久的钵仔糕，古韵典雅的年丰楼，等等，各具特色。在烹具方面，既有历史悠久的风炉、烤炉等传统烹具，也有现

黄连村史馆关于黄连名厨和美食的内容

代的蒸汽锅等。黄连美食更是丰富多样,如烧腊、鱼生、水晶饼、鸡仔饼、钵仔糕、桑拿鸡、酸梅酱等。社区一方面需要对这些具有特色的饮食文化景观进行扶持和推广,另一方面需要进一步挖掘和培育更多具有特色的饮食店,使得黄连物质文化景观更加丰富多样。

除了饮食店、烹具、美食等直接的物质文化景观,建筑、雕像、展览馆、陈列馆等也是物质文化组成部分。目前黄连社区建有村史馆,里面有关于黄连代表性名厨的简单介绍。与此同时,社区制作了精美的旅游手绘地图指引游客打卡美食,黄连非遗美食酸梅酱建立了展览馆以展示其悠久的历史。以上种种举措说明社区和名厨们自发建设其物质文化景观,有助于黄连粤菜师傅文化的宣传和推广。社区需要进一步结合黄连粤菜师傅文化的特征和内涵,探究还有哪些文化元素可以将其建设成可以直观体验的物质文化符号,将黄连厨师的匠心精神转化成大众可以触碰的物质文化景观。这将有助于黄连粤菜师傅文化的传承和认同。

(三)构建集体记忆景观

集体记忆是在一个群体里或现代社会中人们所共享、传承并一起建构的事或物。集体记忆对于文化的传承和认同有着重要作用。人们正是在集体记忆中获得了一种心理和情感上的归属感。相对于现代都市所建构的陌生人和原子化的社会,传统乡土社会和文化建立在熟人社会的基础上,乡民具有更多的共同文化记忆,为文化传承提供了重要基础。在美食文化传承发展中,龙舟饭无疑是集体记忆的典型例子。龙舟饭是珠三角地区重要的节庆仪式,村民参与和观赏龙舟赛、用大锅烹制佳肴,全村人围坐在一起吃饭,有几百桌甚至上千桌。俗话说"吃过龙舟饭,饮了龙舟酒,全年身体健康无忧愁"。龙舟饭不仅传承了龙舟文化,而且展现了珠三角地区的饮食文化和居民积极乐观的性情。村民在这种文化体验中感受到了浓浓的乡情和集体的归属感。

龙舟饭也是黄连社区的特色。纪录片《寻味顺德》曾取景黄连社区,百围(桌)的龙舟饭形成了一道隆重的景象。龙舟饭呈现的文化仪式、菜谱、烹饪方式都独具特色,成为地方乡土文化一道亮丽的风景,构成了乡民丰富的文化记忆。龙舟饭也是黄连粤菜师傅文化的重要表现。黄连社区在传承粤菜师傅文化的过程中需要延续这种集体文化记忆活动。这对文化认同具有重要意义。除此之外,社区还可以围绕美食探究更多的文化仪式和活动以构成文化的集体记忆,有助于厨师文化的传承。

四、发展文化产业,激发黄连粤菜师傅文化的活力

文化形成于经济生活,经济是推动文化发展的根本驱动力。文化产业发展能够为文化的传承汇聚各种社会资源,形成更多优质文化项目,推动就业和创业,改善人们的物质生活。文化的发展势必要求将文化与产业相关联。当前黄连社区发展粤菜师傅文化产业有着优越的条件:岭南水乡的优美风景、深厚的历史文化底蕴、丰富的餐饮美食店,获得"广东粤菜师傅名村"并有"刘绍华'粤菜师傅'大师工作室"。这些得天独厚的条件为黄连发展"粤菜师傅"文化产品奠定了良好的基础。

(一)发展"粤菜师傅+美食"产业

美食是黄连粤菜师傅文化传承的直接目标。黄连粤菜师傅文化发展势必要

求政府和社区打造当地的美食文化产业。"消费者不再局限于填饱肚子，单纯地满足一日三餐，而是有了更多维度的饮食鉴赏能力与需求，消费内容趋向精细化、品质好，'健康''安全''文化''网红'等词成为广东餐饮业新的时代关键词。"① 针对餐饮业的新趋向，一方面，政府和社区对餐饮行业进行扶持和推广，打造黄连美食名店和老字号，通过文化创意产品和各种文化创意活动助力饮食名店的升级，进一步加强网红美食的综合影响力，打造更多独具特色的高品质餐饮店，丰富美食体验活动；另一方面，围绕黄连粤菜的生产、加工、服务和管理、营销的全过程，制定完善黄连粤菜代表的标准体系，支持创新制定企业标准，健全餐饮行业相关标准体系，推进粤菜标准体系建设，提升餐饮行业的整体水平。发展独具乡村特色的流动餐饮模式，提供宴席上门服务，根据主家标准，自备桌椅凳子、棚架、锅灶碗盆，并承担食材、煮菜、做饭、洗碗等全套酒席"一条龙"服务。

在打造美食老字号的同时，也要运用现代技术帮助传统餐饮业转型升级，改变传统经营思路和管理模式，助力餐饮行业创新升级。要重视餐饮企业相关技术投入，紧跟消费者需求的变化，加快自身信息化建设进程，深度挖掘和应用移动互联网技术；从经营饭菜转变为经营顾客需求等信息，利用大数据洞察顾客需求、经营顾客需求、创造顾客需求；通过对数据的分析和挖掘决定菜品和服务模式，驱动精细化管理，降低经营成本、提高利润，推动餐饮行业进一步发展。与家电、餐饮家具、厨房设备等相关制造企业联合开发产品，不断创新更适合新烹饪技法的器具；利用美食产业带动文化创意产品的生产设计与制造，打造特色美食，助力创意产业发展。

（二）发展"粤菜师傅+文旅"产业

"粤菜师傅+文旅"是当前广东粤菜师傅名村推广的主要产业模式。黄连社区历史悠久，文旅资源丰富，既有岭南水乡和桑基鱼塘等自然景观，也有青砖古瓦、小巷窄道、古榕古祠、画家村、村史馆等人文景观。仓沮信俗、龙虱

---

① 邢颖、黎素梅主编《中国餐饮产业发展报告（2019）》，社会科学文献出版社，2019年。

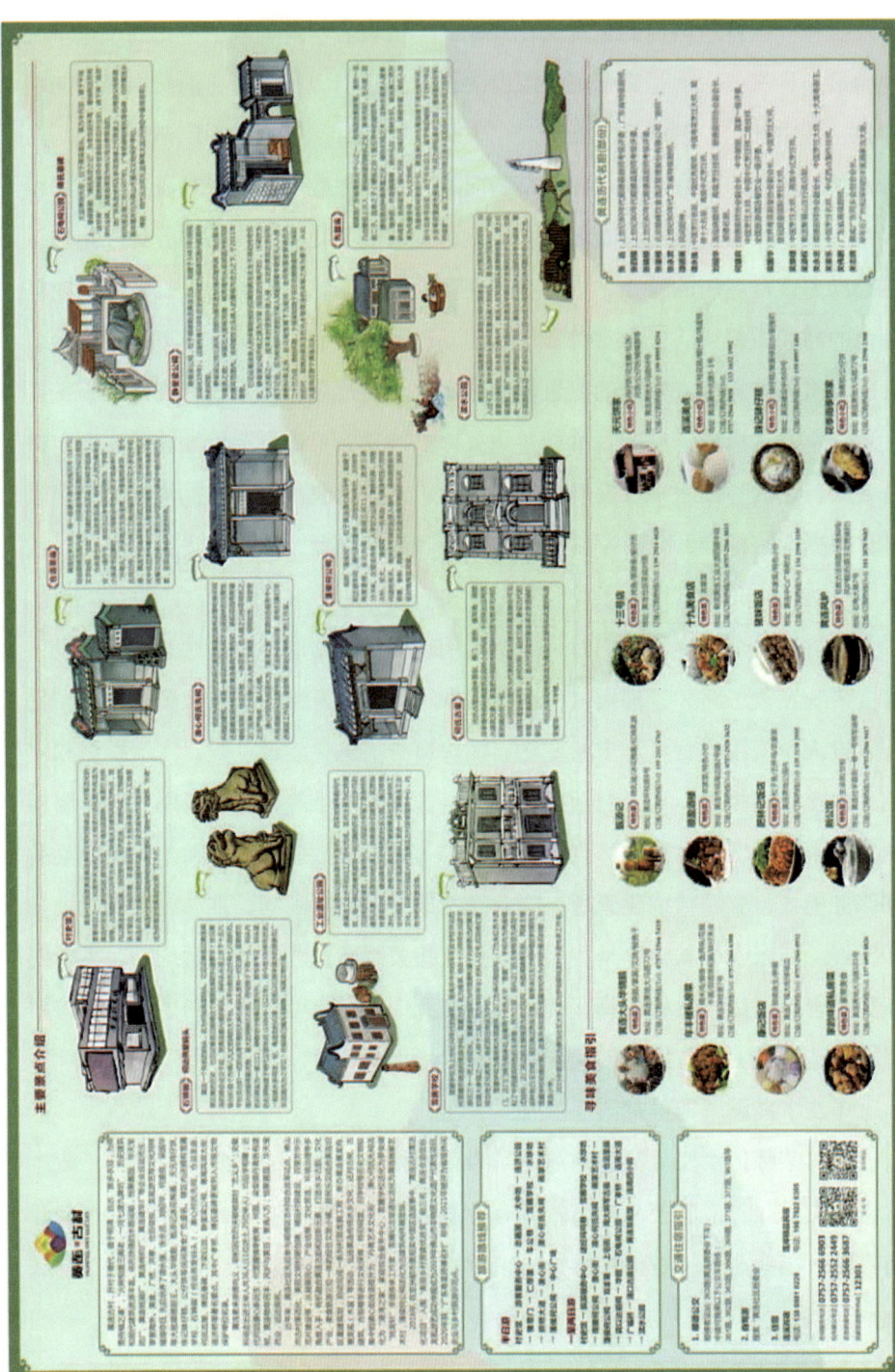

黄连社区旅游手绘地图指引

第四章 传承黄连粤菜师傅文化

游艺、广绣传承、庙诞等非遗项目和传统习俗让黄连更具文化底蕴。可以说，黄连社区发展"粤菜师傅+文旅"产业具有优越的条件。黄连可开发的旅游线路很多，如美食旅游线路、文化旅游线路、岭南水乡旅游线路等。当前黄连也在积极挖掘旅游资源，将黄连社区打造成 3A 景区。社区在不断完善旅游配套资源，如制定了黄连社区旅游手绘地图指引，推荐了黄连主要文旅景点和美食餐饮店；培训社区导赏员，提升导游讲解的水平；制定了旅游线路指引，如"黄连半日游"线路、"一到两日游"线路；完善旅游业基础设施，如街道路标；发展社区民宿以配合旅游业发展，如黄连社区连溪民宿是当地一家非常有特色的民宿，成为众多游客打卡点。黄连社区还在积极联系高校等社会力量，依靠专业力量开发和推广文旅资源，如跟顺德职业技术学院合作，依靠该校旅游专业师资开发和推广文旅景点，培养导赏员队伍。社区工作人员也谈到，黄连社区当前也受到一些硬件条件的限制（如缺乏停车场），社区也在积极努力不断完善硬件条件。

发展乡村文旅产业，围绕美食、文化、旅游打造特色产业，能够促进黄连社区的产业发展，促进乡村就业和创业，让更多民众体验到黄连美食文化，为黄连社区培养更多粤菜师傅和旅游业人才，是黄连粤菜师傅文化和品牌发展的长久之策。

参考文献

[1] 陈春花，马志良，罗雪挥，欧阳以标.顺德40年——一个中国改革开放的县域发展样板[M].北京：机械工业出版社，2019.

[2] 陈晓卿.至味在人间[M].桂林：广西师范大学出版社，2016.

[3] 佛山市顺德区容桂街道经济和科技促进局，佛山市顺德区容桂餐饮行业协会，珠江商报社.品味容桂[M].广州：广东经济出版社，2017.

[4] 广东省职业技术教研室编.广东风味小吃[M].广州：广东科技出版社，2021.

[5] 龚伯洪.百年老店·广州老食肆与老食语[M].广州：广东科技出版社，2013.

[6] 郭盛晖.顺德桑基鱼塘[M].北京：人民出版社，2007.

[7] 黄连社区居委会.黄连村史馆大纲[Z].2017.

[8] 黄连社区居委会.黄连故事[Z].2021.

[9] 勒流街道宣传文体旅游办公室，珠江商报社.勒流厨师故事[M].广州：广东旅游出版社，2022.

[10] 勒流经济发展办公室.勒流：中华美食名镇[Z].2008.

[11] 李健明.黄连——熟悉的地方有风景（卷二）[M].广州：世界图书出版广东有限公司，2021.

[12] 李克和.佛山饮食文化[M].广州：世界图书出版广东有限公司，2012.

[13] 李有华，张解民.顺德历史人物[M].广州：广东人民出版社，1991.

[14] 梁昌，廖锡祥.顺德菜精选（广东菜系）[M].广州：广东科技出版社，1997.

[15] 梁景裕.名镇勒流[M].广州：广东人民出版社，2009.

[16] 梁礼锵，吴范夫. 黄连史料 [Z].1994.

[17] 梁伟才，麦佩兰. 广东顺德黄连北头梁氏族谱 [Z].2000.

[18] 廖锡祥，李健明. 美味顺德 [M]. 北京：人民出版社，2005.

[19] 廖锡祥. 顺德原生美食 [M]. 广州：广东科技出版社，2015.

[20] 廖锡祥. 顺德菜烹调秘笈 [M]. 广州：广东科技出版社，2018.

[21] 廖锡祥. 食典寻源——顺德名菜的美味故事 [M]. 广州：广东经济出版社，2019.

[22] 廖锡祥. 顺德名厨 [M]. 广州：广东人民出版社，2021.

[23] 廖锡祥等. 美食勒流 [Z]. 佛山：勒流经济发展办公室，2006.

[24] 刘娜. 城市形象建构的路径探索——以纪录片《寻味顺德》为例 [J]. 美与时代（上旬刊），2020（10）.

[25] 刘硕，费牖明，李健明，廖锡祥. 寻味顺德 [M]. 广州：广东科技出版社，2016.

[26] 卢荫和，谭元亨，张彩霞. 甘竹滩水电站史话 [M]. 广州：广东人民出版社，2019.

[27] 聂凤乔. 中国烹饪原料大典（上卷）[M]. 青岛：青岛出版社，1998.

[28] 欧阳应霁. 香港味道 [M]. 北京：生活·读书·新知三联书店，2007.

[29] 潘英俊. 粤厨宝典·味部篇 [M]. 广州：岭南美术出版社，2009.

[30] 顺德报社. 顺德文化人 [M]. 香港：华夏文化出版社，2003.

[31] 谭元亨. 十三行的顺德行商 [M]. 广州：广东人民出版社，2019.

[32] 唯灵、赵成武. 顺德番禺边玩边吃 [M]. 香港：万里机构出版有限公司，2001.

[33]（清）温汝能. 龙山乡志 [Z]. 清嘉庆五年（1800）.

[34] 吴建新. 南国丝都——顺德蚕桑丝绸业发展史研究 [M]. 北京：人民出版社，2011.

[35] 邢颖，黎素梅.中国餐饮产业发展报告（2019）[M].北京：社会科学文献出版社，2019.

[36] 袁枚.随园食单[M].广州：广东科技出版社，1983.

[37] 张永锡.顺德水利史话[M].北京：人民出版社，2011.

[38] 招汝基.顺德县志[M].北京：中华书局，1996.

[39] 周冬韵，廖锡祥，徐洋.顺德美食在海外[M].广州：广东人民出版社，2021.

[40] 珠江商报社.2008顺德美食一本通[Z].2008.

附录一　访谈摘要及照片

> **访谈对象：刘绍华**
> **访谈地点：** 黄连"大头华"烧鹅店
> **访谈时间：** 2021 年 7 月 8 日下午
> **记 录 者：** 霍颖淳、梁冰仪、邹碧少、邝紫莹、肖芳亚

1. 创新菜或拿手菜

烧鹅、叉烧、三冬鸭。

2. 获得荣誉

2008 年获得顺德中式烧腊评选优胜奖；

2009 年于广州第二十二届国际美食节获"名牌美食"；

2010 年获得广东岭南特色食品奖；

2011 年获第一届"嘉豪佳特惠杯"厨点烹饪大赛特金奖；

中央电视台大型美食纪录片《寻味顺德》上榜；

大众点评美食评级为"黑珍珠一钻餐厅"；

2017 年全球街头美食 50 强里排名第六。

3. 在这个行业坚持这么久以及保持水准的原因？

爱岗敬业，自立为本，以人为本，厨艺要发挥到极致；新鲜出炉的烧鹅是最美味的；高品质的鹅必定是用炭火烧制的；饮食行业的工作者一定要注意个人卫生和厨房卫生。

调研队访谈
刘绍华

调研队与刘绍华
及其家人合影

4. 如何推广黄连社区厨师文化?

当地政府应该健全体系。每周一天由厨师自愿报名,向其他厨师教授与推广自己的拿手菜,互相学习,找个合适的平台,让厨师去展示自己的厨艺;推出一些适时适节的汤水,首先要考虑它们的营养价值和适合的人群,然后是工艺做法。

附录一 访谈摘要及照片

访谈对象： 何家强
访谈地点： 黄连甄添记
访谈时间： 2021年7月8日下午
记 录 者： 霍颖淳、梁冰仪、邹碧少、邝紫莹、肖芳亚

1. 冰花酸梅酱制作过程

冰花酸梅酱由主料青梅、生姜、辣椒和配料白糖、食盐、醋、水这些原料组成，纯手工，无任何添加剂且卫生，营养价值高，存储时间长。青梅从广西进货。从摘下新鲜的青梅到腌制需要近半个月的时间。腌制好的青梅再加以一天一夜的浸泡，浸泡好后的青梅加以打烂打溶至肉核分离状态，再加上白糖、生姜、辣椒煮沸，之后放凉，再放入已消过毒的玻璃瓶里。整个流程严谨、科学、卫生。成品的冰花酸梅酱为金黄色的黏稠膏状形态，酱内含有青梅核，体现成品的高浓度、高质量和真材实料。

2. 为什么坚持用手工做酸梅酱？

我父亲认为用纯手工做的才会有人情味，不会像机器做的那样冷冰冰。

3. 将来的规划？

希望把冰花酸梅酱推广到全国各地，让大众知道这是顺德黄连冰花酸梅酱。

4. 所获荣誉

冰花酸梅酱进入顺德区非遗名录。

调研队访谈何家强夫妇

甄添记酸梅酱

甄添记

> **访谈对象：** 萧锡强
>
> **访谈地点：** 黄连连溪美点
>
> **访谈时间：** 2021年7月8日下午
>
> **记 录 者：** 张勇强、梁振希、邱洪月、李泳茵

1. 做了多久的美食？

我做点心做了40多年。

2. 水晶饼是您研究出来的吗？

水晶饼有很悠久的历史。我把它改良成现在的样子。

3. 您听过"厨出凤城，味在勒流，根在黄连"吗？您是怎样理解"根在黄连"这句话的？

在顺德范围内，勒流也出了很多名厨，但细化到黄连，名厨数量更多，所以说"根在黄连"。以前一些名酒楼，如广州的陶陶居，都有黄连籍厨师。

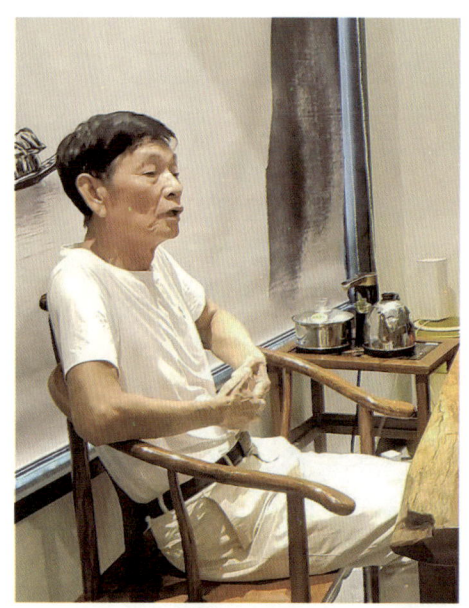

访谈连溪美点创始人萧锡强

连溪美点招牌产品水晶饼

连溪美点

访谈对象：陈启智

访谈地点： 黄连天元饼家

访谈时间： 2021年7月8日下午

记 录 者： 张勇强、梁振希、邱洪月、李泳茵

1. 天元饼家的历史

天元饼家是从20世纪50年代开始的。最早是一家茶楼，也卖中点、西点，西点是茶楼的招牌。到了20世纪90年代直接开了一家饼店，现在仍在营业。

2. 能跟我们讲一下天元饼家的传承吗？

我们家族是从曾外祖父那个年代就已经开始做饼了。最早是在黄连开了一家叫合园的酒家，算是小有规模。后来我奶奶就和我爸爸到了勒流饼厂工作。到了80年代末，我爸爸就接手了天元茶楼。

3. 对做饼这个行业的看法或者心得

做饼是一个需要毅力的行业，因为每天都需要很早起床。这个对大部分人来讲都很难接受。现在入行的大部分年轻人由于这个原因放弃了。但当你做出一份饼，一样新的食物，你都会获得很大的成就感。

4. 怎么理解"厨出凤城，根在黄连"？

黄连盛产厨师。相当多粤菜师傅都是顺德人，其中大部分都是土生土长的黄连人，所以说"根在黄连"。

5. 有没有考虑拓展销售渠道（如网店、连锁店等）？

我们2021年进入了佛山的老字号协会，提升了知名度，正准备申请列入区级非遗目录。现在我们在做网上微商城，也准备在淘宝、天猫等电商平台开店，目前在勒流开设了一家分店。

黄连天元饼家

访谈对象：黄炳辉

访谈地点： 黄连年丰楼私房菜馆

访谈时间： 2021 年 7 月 9 日上午

记 录 者： 霍颖淳、梁冰仪、邹碧少、邝紫莹、肖芳亚

1. 从业经历

我 1997 年高中毕业开始跟从冯伟雄师傅学做菜，在师傅的饭店里学习兼工作了共有 14 年。2011 年 11 月离开师傅的饭店到广西著名旅游景点里的山庄工作，2014 年 9 月重回黄连，利用天时地利人和，把自家的旧老宅重修改造成为私房菜之家。

2. 拿手菜或者创新菜品

无骨鲫鱼、脆皮糯米鸡、手撕乳鸽、南乳炸猪肉。

年丰楼私房菜馆创始人黄炳辉

年丰楼私房菜馆

3. 如何传承和推广黄连粤菜师傅文化?

首先就得有一个带领大众推广黄连粤菜师傅文化的领头羊,开设大师工作室;希望政府能博采众议,并能制定相关政策来帮助传播黄连粤菜师傅文化,支持开设大师工作室;希望年轻人在学校学完理论知识到社会后能吃苦耐劳,坚守厨师行业,并且能够有好的师傅去帮助他们提升技能;希望能通过抖音、微博等网络平台来推广传播黄连粤菜师傅文化。要让年轻人了解黄连粤菜师傅文化,肯定黄连粤菜师傅文化的意义所在,提高文化认同感。同时希望政府能提供更多机会让年轻人去参加更多的比赛。这不仅能让厨师们提高自身的厨艺,而且能提升黄连粤菜师傅文化的知名度。

调研队访谈康记鱼生何志康　　　　　　　　黄连康记饭店

> **访谈对象：何志康**
>
> **访谈地点：** 黄连康记饭店
>
> **访谈时间：** 2021年7月9日上午
>
> **记 录 者：** 张勇强、梁振希、邱洪月、李泳茵

1. 拿手菜是什么？

我们店主打的就是鱼生，还有比较大众化的家常小菜。因为顺德人都很喜欢鱼生，所以我觉得有这个市场。当初这附近也没有专门做鱼生的店，就抱着试一下的心态开了这店，做出来的口碑一直很好。

2. 您是如何做到一直保持菜品的出品质量？

在对鱼放血时不能进水，否则会影响口感。这样才能把鱼生做成晶莹剔透的样子，而不是普通的奶白色。鱼的选择也要把握好，不能太瘦也不能太肥。

3. 学厨的体会？

做菜讲究的是经验的积累和总结，做出符合大众口味所接受的味道，就坚持做下去；但也不能原地踏步，要不断精益求精，做到极致的效果。

> **访谈对象：冯伟雄**
>
> **访谈地点：** 冯伟雄家
> **访谈时间：** 2021 年 7 月 9 日下午
> **记 录 者：** 霍颖淳、梁冰仪、邹碧少、邝紫莹、肖芳亚

1. 从业经历

我 1980 年开始学厨，两年后开始学习炒菜，之后就炒了近 40 年。1983 年开始跟香港师傅学习，3 年后就回到佛山做大厨。1993 年，辞去顺峰山庄的总厨工作，2003 年到福建厦门天顺酒店工作。

2. 创新菜或拿手菜

鲍鱼捞鸡。

3. 对黄连粤菜师傅文化的宣传推广意见

计划成立大师工作室。希望当地政府重视并有所作为，提供一定的资金，由本地的厨师引领这个项目，同时也希望得到乡亲们的支持。

调研队访谈冯伟雄

4. 所获荣誉

最难忘的是 2006 年的全国烹饪大赛特金奖。我是广东省第二个拿到这个奖项的人，参赛菜式有蟹行天下、霸王别姬。

5. 个人认为黄连粤菜师傅文化形成和传承的原因是什么？

主要是黄连的厨师包容性很强，又善于创新。

6. 如何理解"厨出凤城，味在勒流，根在黄连。"这句话？

黄连厨师遍布全世界。从黄连走出的厨师特别多，号称"五百厨师"。

访谈对象：于彩燕

访谈地点： 珠记钵仔糕

访谈时间： 2021 年 7 月 9 日下午

记 录 者： 张勇强、梁振希、邱洪月、李泳茵

1. 珠记钵仔糕的历史

我接手这间店铺已经 4 年了。这间店是从 1981 年开始做的，已经开了 40 年。传统钵仔糕是由我家公自己创新出来的。

珠记钵仔糕

2. 店铺主打什么？

现在主要卖的是钵仔糕和绿豆沙。现在还是在用传统的手艺做钵仔糕，因为我们的钵仔糕是用糯米粉做的，对比现在外面的钵仔糕不太一样。我们的味道又是传统的味道，因为有些人会比较念旧，有一些年轻人可能会想尝试一下以前的味道是怎么样的。

访谈对象：关永忠
访谈地点： 黄连连溪民宿
访谈时间： 2021 年 7 月 10 日上午
记 录 者： 霍颖淳、梁冰仪、邹碧少、邝紫莹、肖芳亚

1. 入行经历

我 1994 年高中毕业后跟从舅舅的徒弟去仙泉酒店当学徒。1994—2000 年就职于顺德首家四星级酒店——仙泉酒店；2000—2004 年分别于"中华餐饮名店"顺德东城酒店、顺德金桂花园聚贤酒店担任副厨；2004—2005 年任中国人民银行顺德银泉山庄餐饮部经理；2005—2006 年于五星级酒店顺德哥顿酒店担任主厨；2006 年至今担任中国银监会顺德干部培训中心主任；2020 年至今，同时担任顺德职业技术学院顺德厨师学院粤菜导师和顺德凤厨职业技能培训学校导师。

2. 拿手菜

黑松露焗乳鸽、手撕脆皮鸡、"两袖清风"、彭公鹅、特色香辣炒蟹。

3. 获奖及荣誉

2013年"健康养生顺德菜"比赛中,我所做的莲藕三红炖羊腩、金盏露笋炒酿百合两道菜式获得金奖,"风生水起"获得特别金奖。

2014年先后获得大良总工会主办的"凤城餐旅业职工技能大赛"中式烹调组三等奖;第九届中国岭南美食文化节系列活动之"游花卉之都,品花卉美食"第二届陈村花卉美食烹饪大赛一等奖;南番顺港澳台名厨精英会至尊奖;广州番禺名厨协会五周年庆典暨厨师协会厨艺大赛个人特金奖。

2015年获仟味浓汤宝"六江名宴汇羊城"个人特金奖。

4. 对于宣传、推广黄连粤菜师傅文化的意见

自己去职业学校向学生传授厨艺可以推广黄连粤菜师傅文化,让学生慢慢接受这种文化,让他们热爱这个行业。同时也希望政府能够更多地组织厨师交流会,举办大型厨艺比赛或业余赛,组织学生的兴趣班或者夏令营。

5. 以前是家族式传承,现在大多数是学校授课,您认为哪种方式会更好?

我认为两种方式都很好,但要分阶段。第一阶段是在学校学习基本知识理论,参加实训练习基本功;第二阶段是跟大师学习。

调研队访谈
关永忠

> **访谈对象：梁国华**
> 访谈地点：黄连画家村
> 访谈时间：2021 年 7 月 10 日上午
> 记 录 者：张勇强、梁振希、邱洪月、李泳茵

1. 从业经历

我 1985 年开始在深圳中洋酒楼做后厨。做了 5 年之后，先后到了深圳文苑酒家、深圳环宇酒店、勒流瑜园酒店、佛山君林酒家、大良南国酒家、北滘小蓬莱酒店、北京八达岭温泉度假村、南海狮山穆天子山庄、广州军区空军深圳接待处、佛山市禅城区南庄华银大酒店、大良蕉雨轩泰国菜馆担任总厨，也曾在勒流东海海鲜酒家工作。后来在勒流水乡阁、锦华农业生态园担任总厨，之后升为总监，再之后升为总经理。其后在美的海岸花园南国水乡担任总经理，在伦教星福酒家担任总经理。现在担任"欢的烧腊"食品研发中心主任，并担任欢姐烹饪职业培训学校副校长。

2. 获奖荣誉

2007 年获得"饮食之星名厨美食烹饪大赛"金奖；

2013 年 8 月受聘为顺德厨师协会第三届副会长；

2016 年 6 月获评"国际烹饪艺术大师"；

2016 年获评中式烹调高级技师；

2017 年 8 月获评"中国烹饪大师"；

2017 年获顺德商会名厨第十一届菜式最佳创意金奖；

2017 年 12 月获"世界粤菜米其林星厨亚太国际厨皇"勋章；

2018 年 7 月获顺德商会名厨第十五届皇冠厨皇精品菜金奖；

2018 年获"中华金厨奖"。

3. 你最拿手的菜是哪些呢？

我比较喜欢做一些小菜。我喜欢把一些很简单、朴素的菜"粗料精做"，做出不一样的味道，在朴素食材的基础上做一些创新，如桂花炒椰菜，用几块钱的成本做出几十块钱的菜。

4. 从事厨师这个职业这么久了会不会对身体有一些影响？

做厨师真的是一份非常辛苦的工作。有许多从业时间久一点的厨师们大部分都患有职业病。在厨房与在外面的世界不太一样，因为做菜时产生的油烟会对人体造成隐性危害——厨师每天大量吸收造成了嗓子沙哑或者支气管炎，长时间的低头也会使他们患上肩周炎。这些疾病也会对他们的生活造成影响。

5. 对于现在年轻人学厨有什么经验可以分享吗？

首先要愿意学习、肯钻研、肯吃苦，同时还需要学会灵活变通。随着时代变换，很多东西都在改变，需要将师傅教的技能和自己的实践经验相结合。

6. 如何将黄连粤菜师傅文化传承与发扬？

我觉得肯定要有人带动，组织我们这些黄连厨师一起推进。也可以建一个有关厨师的介绍馆，让更多的人（不只是顺德人）了解厨师文化，让世界各地的游客也来了解顺德当地的厨师。

调研队访谈梁国华

访谈对象：张志坚

访谈地点： 黄连画家村

访谈时间： 2021 年 7 月 10 日上午

记 录 者： 邹碧少、肖芳亚

1. 您是从哪一年开始学厨的？

我 1994 年从学校毕业后就出来学厨，曾在北京顺峰山庄从业 10 多年，现工作于龙江山庄。

2. 可以分享一下学习厨艺的心得吗？

学习都是少说多做，不会就多问，就像读书一样，都是需要师傅指点的，就像你不能小学的时候去学高中的知识，要有一个过渡的时间。出去进行交流，然后综合所有的东西才能做出好的味道。我们不能闭关自守，要不断地学习，学无止境。

访谈对象：邱梅芬

访谈地点： 家的味道

访谈时间： 2021 年 7 月 10 日下午

记 录 者： 张勇强、梁振希、邱洪月、李泳茵

我 20 多年前嫁到黄连。我本就喜欢在家里面做菜，也认识很多厨师朋友。他们经常来我家吃饭聚餐，每个厨师都教我一样菜，自己再经过琢磨，梅芬慢慢学会了做很多菜。我和朋友觉得有兴趣就在自己家里开设饭店，都是熟悉的

朋友过来吃,就让他们感觉像回到家里吃饭,故取名为"家的味道"。

"家的味道"大部分家常菜挺受欢迎的,特色菜主要是鹅和鸡,以煎焖为主。咸香鸡采用胡须鸡,皮更嫩滑肉更鲜嫩,杀完鸡泡在秘制的料水里面,制作出来就有独特的香味。还有出名的无骨鱼,主要靠厨师的刀工把鱼肉起出来,很适合老年人和小孩吃。店内还保留经典菜南乳炸五花肉,炸出来比较脆。师傅们都一直坚持不使用味精,做到让大家吃得安全、放心。

做厨师本身就很累,因为不能让顾客每次来吃的菜都一模一样,要想一些创新的菜品的同时还要保持出品的水准。"家的味道"用的酱油都是大品牌,不会去省小钱,肯定要让顾客吃得安心。店里有很多菜品是根据老人、小孩或者川味等其他地方口味推出的。

调研队访谈邱梅芬

访谈对象: 张建忠
访谈地点: 黄连画家村
访谈时间: 2021 年 7 月 11 日上午
记 录 者: 梁冰仪、邹碧少、邝紫莹、肖芳亚

1. 入行经历

我 1994 年进入顺峰山庄佛山店,后在顺峰山庄北京、西安、沈阳、大连的分店工作过。2010 年在顺峰山庄大连店任厨师长。直到 2014 年,回到顺德开私房菜馆——东坊味道。

调研队访谈张建忠

2. 拿手菜

盐油蒸和顺鱼、古法碌鸡。

3. 为什么一直坚持做厨师?

自己做这一行已经很久了,自己也感兴趣,有研究、有经验,想传给后辈。

4. 对于黄连粤菜师傅文化的宣传推广意见

需要政府对顺德籍厨师进行鼓励或补贴,留住顺德籍厨师,将顺德的美食文化发扬光大。

访谈对象：关锦璋

访谈地点： 关锦璋家

访谈时间： 2021 年 7 月 11 日上午

记 录 者： 张勇强、梁振希、邱洪月、李泳茵

1. 做菜需要具备什么样的心态？

我觉得做菜就要用心做，哪怕是再有天赋的人也要用心炒菜，尽力做到完美。

2. 有没有什么经验对年轻一辈的人说呢？

我觉得还是需要虚心地向老一辈的人学习，所谓学到老活到老。无论是年轻一辈还是老一辈的人，都应该一直抱有学习的心态，多去观察或者去学习不一样的菜品，积累经验，也会对创新思路很有帮助。

调研队访谈关锦璋

访谈对象：何盛良

访谈地点： 黄连画家村
访谈时间： 2021 年 7 月 12 日上午
记 录 者： 邹碧少、肖芳亚

调研队访谈何盛良

1. 入行经历

我 20 岁时跟随朋友去珠海，从此走上厨师学徒的道路。当时有个老板是香港人，想找会做顺德菜的顺德人，专门做公司接待的厨师。老板觉得何盛良做得很不错，就调他去酒店监管出品。之后何盛良在勒流开过饭店，曾到过广西、深圳、惠州、西安、浙江等地从厨，主攻四季菜。如今在顺德潮汇餐饮有限公司任运营总监。

2. 拿手菜

大蕉焖鸡、春笋炒鲈鱼扣、九制陈皮蒸番茄、百花蟹柳球。

3. 为什么会坚持做厨师这个行业呢？

因为兴趣，主要是从小做起，所以也很热爱。

4. 用一句话归纳如何做好厨师

热爱烹饪，勇于进取。

5. 您认为发展和传承黄连粤菜师傅文化的方式有哪些？

从小做起，培养兴趣。

> **访谈对象：关志明**
> **访谈地点：** 关志明家
> **访谈时间：** 2021 年 7 月 12 日上午
> **记 录 者：** 霍颖淳、梁冰仪、邝紫莹

1. 入行经历

我 1985 年入行，初期在广州学厨，一年后便去了深圳工作。在深圳的寰宇大酒店工作了 8 年，还曾去过浙江、珠海工作。等经验丰富后开始组建团队，包办几家大酒店厨房，主要是做粤菜。

2. 拿手菜

燕鲍翅、菊花鲈鱼羹。

3. 获奖情况

第十三届顺德私房菜大赛顺德民间十佳名厨；
第十三届顺德私房菜大赛总决赛亚军。

4. 对于宣传推广黄连粤菜师傅文化的意见？

第一，徒弟们要能长期坚持做厨师，积累经验，这在书中是学不到的。第二，政府多支持大型厨艺比赛，要把菜做高端，比赛的硬件设备要升级。

> **访谈对象：** 何树良
>
> **访谈地点：** 十三号店
>
> **访谈时间：** 2021年7月12日上午
>
> **记 录 者：** 张勇强、梁振希、邱洪月、李泳茵

1. 你最拿手的菜是什么呢？与外面的对比有什么特别之处呢？

我的店铺主打烤鱼。烤鱼是由我创制出来的。在口味上面，我们这个烤鱼的味道不同于外面的烤鱼，主要是根据黄连本地人习惯的口味调制出来的，而其他地方的烤鱼基本上是麻辣（川味）之类的。

调研队访谈何树良

> **访谈对象：** 廖辉耀
>
> **访谈地点：** 线上
>
> **访谈时间：** 2022年1月20日
>
> **记 录 者：** 梁冰仪、邝紫莹

1. 目前就业单位

位于兰州的新味道香港烧鸡专卖店

2. 入行经历

我 1992 年开始学厨。当时表哥开了家西餐厅，我学业结束后就到他的餐厅做采购和管仓库，有时到厨房帮忙，慢慢接触后发现喜欢上了厨师这个行业。1997 年去外地工作开始做"大佬"。目前在兰州创业开店，是一家香港烧鸡专卖店，主要推广鸡、鱼。曾在顺峰旗下从厨，效力于北京总店和青岛、兰州分店。

3. 拿手菜

佛跳墙、鲍鱼、佛禅雪衣上素（黑松露、三菇六耳①，用腐皮包裹）、绉纱三味鱼（绉纱鱼卷、煎炸鱼骨、凉拌鱼皮）。

4. 获奖情况

佛山南庄十大名厨和佛山南庄十大名店。

访谈对象：何建辉

访谈地点： 线上
访谈时间： 2021 年 12 月 25 日晚上
记 录 者： 梁冰仪、邝紫莹

1. 入行经历

我家 4 兄弟中有 3 个是做餐饮业的。1990 年，我跟着大哥做餐饮。在顺德大良，我跟吴汝添师傅学厨。2005 年去北京顺峰山庄工作，后辗转上海、西安、天津多地，经常去公司的新店帮忙开张。

---

① "三菇"指香菇、花菇、蘑菇；"六耳"指石耳、木耳、云耳、榆耳、黄耳、桂花耳。

2. 获奖情况

2020年获顺德区"粤菜师傅"职业技能大赛中式烹调铜奖。

3. 拿手菜

葱香豉油鸡、养生南瓜盅。

4. 对"厨出凤城，味在勒流，根在黄连"的理解

"根在黄连"就是基础。最重要的基础在于黄连。黄连人出外都能到一些比较高端、高档的会所酒店工作。这句话与黄连人的基本功扎实和对顺德菜的认知很有关系。比方说黄连不大，但每年都有美食节、民间厨艺大赛，非常有利于黄连形成自己的美食文化氛围，对于年轻人入行和对餐饮业产生认知有很大的帮助。家庭的"师奶"（主妇）都能做得一手好菜。这与民间厨艺大赛、美食节有关。当然也离不开政府的大力支持和积极弘扬黄连美食文化。

5. 您认为发展和传承黄连粤菜师傅文化的方式有哪些？

需要厨师同行的努力以及靠政府牵头带动，才能将"根"发扬光大。不管新人是本地人还是外地人，尽量带好，让他们少走弯路。现在心态和思想与从前不同了。我觉得年轻人入行能跟本地的师傅学就是一种幸福，因为只有顺德人或者说长期在顺德做顺德菜的师傅才懂得顺德菜的精髓，传承正宗的饮食文化。

> **访谈对象：关家乐**
> **访谈地点：** 线上
> **访谈时间：** 2022年1月26日上午
> **访谈人员：** 邹碧少、肖芳亚

1. 学厨经历

我1980年向自己的叔公（关汉纪）学习做广式点心，半年之后在广西和广东向师傅学习其他菜品。学了3年后开始成为大厨，1986年回顺德，在福盈酒店做了21年。

2. 从事厨师行业难忘的经历

有3件事比较难忘：

第一，学习做点心要凌晨3点半起床。当学徒的时候是15岁，因为年纪小，那时候常常赖床，所以经常迟到，导致被师傅批评。

第二，因为20世纪80年代改革开放没多久，原材料和工具都比较匮乏，很多工作都需要人手操作，如煮东西都是用柴火，要自己劈柴、和面等。

第三，当学徒是自己要有心学，师傅才有心教。当然师傅不会教得很全面，要自己在旁边偷偷观察，才学得到精髓。

3. 怎样理解"厨出凤城，味在勒流，根在黄连"？

当时勒流还是一个公社，黄连是一个镇，黄连的厨师比勒流的厨师多。黄连厨师个个都是巧手，能做出很多的传统美食，吸引了很多外地游客来品尝。

> **访谈对象：关伟图**
>
> **访谈地点：** 线上
>
> **访谈时间：** 2022 年 1 月 25 日下午
>
> **访谈人员：** 邹碧少、肖芳亚

1. 学厨经历

我刚开始向自己的亲大哥学习了两年厨艺，第一年学习基础，第二年学习炒顺德菜。之后去了其他地方学习，在 2016 年参加香港美食节，比赛作品为顺德菜。2019 年经营一家顺德啫啫鸡，因为疫情关门，现在是番禺一家顺德菜餐厅的投资人。

2. 学厨的体会

我认为当学徒过程中要有耐心和自强，同时需要自己去摸索，创新菜品。"严师出高徒"是很有道理的。师傅有时不是故意对你大声讲话的，而是因为做菜的环境比较嘈杂，小声讲会听不见，出品急，环境吵，所以讲话就会大声点了，严厉才会对出品有把控。

3. 招牌菜或者特色菜

禾虫、霸王八宝鸭、香煎牛仔骨、鱼生。

4. 盛产厨师的原因

黄连是鱼米之乡，20 世纪 70 或 80 年代出生的人都喜欢自己做菜吃。在当时黄连每户人家门前都会有鱼塘，邻里街坊都会经常相互送鱼作为原料或做好的菜式分享给对方品尝。久而久之大家就相互学习，开始创新菜品。同时，黄连人会吃、会做、会变通，学东西快。

访谈对象：何庆林

访谈地点： 线上
访谈时间： 2022年2月9日下午
访谈人员： 邹碧少、肖芳亚

1. 从业经历

曾与清晖园老前辈一同前往澳门、香港的星级酒店做顺德传统美食节的推广，亦曾与清晖园前辈一同远赴北京参加全国性烹饪比赛。

2. 拿手菜

乐从鱼腐、楚香鸡、炒牛奶。

3. 发展和传承黄连粤菜师傅文化的方式

政府与街道及行业协会或地方组织进行长远规划，内部要有对基础设施的投入、文化挖掘整理、活动策划、宣传支持。传承需要时间沉淀，现在的"粤菜师傅"工程与"粤菜师傅"大师工作室等是一个传承的系统工程。厨师的社会地位提升，行业有充足的发展空间，就可以吸引更多人从事厨师工作，为"世界美食之都"顺德添光彩。

附录二　访谈提纲和调研问卷

一、黄连厨师调研问卷

（一）个人基本信息和学厨故事

1. 访谈对象基本信息（姓名、性别、年龄、做厨师多少年）
2. 您是从哪一年开始学厨的？
3. 您学厨的经历是怎样的？
4. 做厨师期间有没有让您比较难忘的经历？
5. 您的拿手菜、招牌菜、特色菜。
6. 您参加过厨艺比赛吗？有没有拿过什么奖项？

（二）黄连粤菜师傅文化

1. 黄连盛产厨师，黄连厨师分布在世界各地，您认为黄连盛产厨师的原因是什么？
2. 黄连厨师很多时候是家族传承，当地主要有哪些厨师家族？
3. 有句俗话："厨出凤城，味在勒流，根在黄连。"您觉得为什么会有"根在黄连"这种说法？
4. 虽然黄连盛产厨师和美食，但是目前外地人对于黄连厨师和美食的了解不是很多，您认为是什么原因？
5. 您这里有没有关于黄连厨师的老照片、老烹具、老器皿？
6. 您认为发展和传承黄连粤菜师傅文化的方式有哪些？
7. 我们有个黄连籍厨师微信群，您方便加入吗？

二、游客对黄连美食的认知调查

（一）基本资料

1. 您的性别

    A. 男　　　　　　　　B. 女

2. 您的年龄

    A. 18 岁以下　　　　　B. 18—30 岁　　　　　C. 30 岁以上

3. 您的学历

    A. 小学　　　　　　　B. 初中　　　　　　　C. 高中

    D. 大学　　　　　　　E. 研究生

4. 您的工作种类

    A. 公务员　　　　　　B. 事业单位　　　　　C. 企业单位

    D. 自由职业者　　　　E. 学生　　　　　　　F. 其他

5. 您的月收入（人民币）

    A. 4000 元以下　　　　B. 4001—6000 元　　　C. 6001—8000 元

    D. 8001—10000 元　　 E. 10000 元以上

6. 请问您到过黄连社区几次？

    A. 一次　　　　　　　B. 二次　　　　　　　C. 三次及以上

    D. 常住黄连　　　　　E. 没有到过

7. 请问您来自

    A. 佛山市顺德区　　　B. 佛山市区域（不含顺德区）

    C. 广东省其他城市　　D. 广东省外

（二）基本问题

1. 您了解过黄连美食吗？

    A. 非常了解　　　　　B. 了解　　　　　　　C. 一般了解

    D. 不了解

2. 您知道的黄连美食有哪些？（多选题）

  A．烧腊   B．鱼生   C．水晶饼

  D．鸡仔饼   E．钵仔糕   F．桑拿鸡

  G．黄连风炉店美食   H．其他

3. 您印象最深的黄连餐饮店

  A．"大头华"烧鹅   B．康记饭店   C．黄连风炉

  D．年丰楼   E．百益桑拿鸡   F．珠记钵仔糕

  G．连溪饼屋   H．天元饼家   I．家的味道

  J．甄添记   K．肥林记   L．其他

4. 您对黄连社区最深刻的印象是

  A．风景优美   B．美食店林立   C．文化底蕴深厚

  D．其他

5. 关于黄连美食您是通过哪些途径了解的（多选题）

  A．电视、广播   B．报纸、杂志   C．网络

  D．朋友推荐   E．其他

6. 您听说过黄连厨师吗？

  A．有   B．没有

7. 您之前听说过"厨出凤城，味在勒流，根在黄连"吗？

  A．有   B．没有

8. 您是否观看过纪录片《寻味顺德》？

  A．有   B．没有

9. 《寻味顺德》播出后，您是否去过栏目中的网红店？

  A．去过   B．没去过

10. 您是否观看过综艺节目《极限挑战》？

  A．有   B．没有

11. 《极限挑战》播出后，您是否去过栏目中的网红店？

  A．去过   B．没去过

12. 您会因为想品尝黄连某种美食慕名而来吗？

  A．会   B．不会

13. 您觉得黄连美食有特色吗？

  A．很有特色   B．一般   C．无特色

14. 如果时间充裕和经济条件允许，您愿意到黄连社区打卡美食吗？

  A．愿意   B．不愿意

三、"粤菜师傅"工程建设调研问卷

（一）您的基本情况

1. 您的性别

  ☐ 男   ☐ 女

2. 您的年龄

  ☐ 18 岁以下   ☐ 18—30 岁   ☐ 31—45 岁

  ☐ 46—60 岁   ☐ 60 岁以上

3. 您的受教育程度

  ☐ 高中、中专以下   ☐ 高中、中专   ☐ 大专

  ☐ 本科   ☐ 研究生

4. 您的厨师等级

  ☐ 无   ☐ 初级   ☐ 中级

  ☐ 高级   ☐ 技师   ☐ 高级技师

  ☐ 其他

5. 您的厨师岗位

  ☐ 行政总厨   ☐ 厨师长   ☐ 掌勺厨师

  ☐ 配菜   ☐ 面点   ☐ 烧卤

  ☐ 其他

6. 您做厨师的时间

　　□ 3 年以内　　　　□ 3—5 年　　　　　□ 5—8 年

　　□ 8—12 年　　　　□ 12—15 年　　　　□ 15—20 年

　　□ 20 年以上

7. 您每月的工资收入（人民币）

　　□ 3000 元以下　　□ 3000—5000 元　　□ 5000—8000 元

　　□ 8000—10000 元　□ 10000—15000 元　□ 15000 元以上

（二）做厨师的经历

1. 您选择做厨师的初衷

　　□ 喜欢厨艺

　　□ 家庭或身边人的影响

　　□ 进入门槛低，容易赚钱

　　□ 受广告影响

　　□ 其他

2. 您如何习得厨艺技能？

　　□ 拜师　　　　　　□ 学校学厨

　　□ 自学成才　　　　□ 其他

3. 您是否接受过餐饮企业的培训？

　　□ 是

　　□ 否

4. 您认为自己目前的收入如何？

　　□ 非常低

　　□ 勉强糊口

　　□ 能满足日常消费

　　□ 非常富裕

5. 您比较擅长制作哪个方面的菜品？

　　□ 广府风味菜、广式点心、广式烧味

　　□ 客家风味菜、客家风味点心

　　□ 潮式风味菜、潮式风味点心、潮式卤味

（三）对粤菜和粤菜师傅的看法

1. 您认为当前粤菜的发展现状如何？

　　□ 受到各方支持，有良好的发展前景

　　□ 很多人不知道粤菜的魅力，还有很大的发展潜力

　　□ 粤菜很难发展起来，持悲观态度

　　□ 其他

2. 您认为粤菜师傅的社会需求如何？

　　□ 有很大的社会需求

　　□ 社会需求量一般

　　□ 社会需求量很低

3. 您认为粤菜师傅的社会形象如何？

　　□ 没有存在感

　　□ 一般

　　□ 在部分地区很吃香

　　□ 有很高的知名度

　　□ 其他

4. 您认为该如何推广粤菜品牌？（多选题）

　　□ 打造一批粤菜美食名品

　　□ 擦亮粤菜师傅个人品牌

　　□ 规划粤菜品尝经典旅游线路

　　□ 加大线上线下宣传力度

　　□ 其他

5. 您认为创业的最大障碍是什么？（多选题）
    □ 基础设施赶不上
    □ 找不到投资的方向和项目
    □ 创业风险太大
    □ 家人不支持
    □ 缺乏合伙人
    □ 没有创业经验
    □ 缺乏资金
    □ 其他

（四）未来的计划

1. 您打算在厨师行业继续干多久？
    □ 短期发展（1—3 年）
    □ 中期尝试（5 年左右）
    □ 长期发展（10 年以上）
2. 您是否打算转行？
    □ 是
    □ 否

后 记

　　黄连社区人杰地灵、钟灵毓秀，是有"世界美食之都"之称的顺德非常具有代表性的粤菜师傅和美食文化村落。俗话说："食在广州，厨出凤城，味在勒流，根在黄连。"在"寻根"情怀的驱使下，"寻根·黄连厨师文化研究"项目集结了政府部门工作人员、高校教师、企业员工、文化学者等众多社会力量，通过一年多的共同努力，主要成果《广东粤菜师傅名村——黄连》终于即将付梓。感谢顺德区慈善会和顺德区社会创新中心对项目的扶持，为项目立项提供了指导意见和经费支持。感谢黄连社区工作人员对项目研究提供的大力支持和组织保障。黄连社区党委书记萧国松精心策划、积极跟进、调配资源，在百忙中能有如此文化见识与魄力，是编者积极参与项目的动力所在。黄连社区党委委员伍桂楚主任为本书的撰写提供了许多有价值的意见，为调研工作的组织提供了大力支持，对初稿进行了严谨和仔细的校对。黄连社区工作人员潘锦堂就项目实地调研和资料收集也提供了大力支持，使得调研工作能够顺利完成。与此同时，感谢广东省奥特龙电器制造有限公司积极承担企业助力乡村文化振兴的社会责任，为黄连厨师文化品牌的推广提供了赞助；感谢凤城美食文化体验中心为黄连厨师文化宣传提供的支持。

顺德著名美食文化学者廖锡祥老师是本书的主要作者之一。廖老师是顺德美食文化研究的拓荒者，著作等身。他治学严谨，注重实地调研和文献收集，虽然年事已高，但依然以饱满的热情实地访谈了众多黄连籍粤菜师傅，收集了翔实的第一手调研资料。他的治学精神和推动顺德美食文化发展的情怀令人无比敬佩，让晚辈们受益匪浅。廖老师对撰写本书提供了众多建议（均被采纳），并撰写了本书第一章中的《厨师群体结构》《厨师的文化程度》《厨师的就业分布》，以及第二章《黄连粤菜师傅故事》和第三章《黄连粤菜师傅代表菜式及渊源》的手稿，并参与了书稿的校对工作。正是廖老师不辞辛劳的付出，保障了本项目能够顺利完成。黄连籍作家梁景裕老师也是本书的主要执笔者之一。梁老师深爱家乡黄连，对黄连厨师文化深有体悟。正如他所说："一方水土养一方人，一方水土孕育了一代又一代厨神。一块'广东粤菜师傅名村'金漆牌匾，串起了黄连人满满的集体记忆。百年前的乡间大醮中，黄连厨师的风采足以诠释什么叫现代意义的'烹饪游击队'。"正是对黄连粤菜师傅文化的深刻认知和对黄连社区的情怀，驱使年岁已高的梁老师积极参与本书的撰写，承担了第一章中的《社区概况》《厨坛溯源》《荣誉称号》，以及第二章中的《文人厨师蔡任平》《巾帼不让须眉的女中厨杰》（与廖锡祥合写）、《三代从厨的梁氏》《长袖善舞的餐饮帅才张兴藻》的撰写。与此同时，梁老师不厌其烦地对初稿进行了一遍又一遍的校对，提出了非常多的修改意见，保障了成书的质量。

顺德职业技术学院酒店与旅游管理学院是本项目的主要推动单位，负责本项目的申报、调研和联动各方力量完成最终成果。作为酒店与旅游管理学院院长，笔者深感旅游专业院系需要依托学院师资和专业力量促进乡村优秀文旅资源的深度开发，进而助力地方乡村文化振兴和社会发展。酒店与旅游管理学院师生有幸参与"寻根·黄连厨师文化研究"项目，通过研究，深入理解了粤菜师傅和美食文化所体现的"粗料精做、锐意创新、精益求精"的工匠精神。这正是职业院校师生需要积极弘扬和传承的时代精神。师生们在项目研究过程中积极发挥所学，助力项目完成。甘慕仪、骆奎两位老师完成了第四章《传承黄连粤菜师傅文化》的撰写；綦恩周老师带领调研团队完成了粤菜师傅调研，并撰写了调研报告；周书云、刘咏琪老师也积极助力项目的实施。由酒店与旅游管理学院学生组成的调研团队为本项目的实地调研和线上调研做了大量的工作。正是这支充满活力的调研队伍保障了本项目调研部分能够顺利完成。顺德职业技术学院继续教育学院院长王法勇老师作为黄连本地人，积极为本项目争取社会资源，保障了本项目在资金充足的情况下顺利完成。

"寻根·黄连厨师文化研究"项目旨在追寻顺德粤菜师傅"根在黄连"的缘由。项目团队通过研究探寻到了答案，深感黄连能够成为"厨师之乡"和"广东粤菜师傅名村"乃实至名归。与此同时，通过研究，大家认识到了建设和传承粤菜师傅文化的责任。希望通过本项目的研究能够助力黄连粤菜师傅文化的挖掘、推广和传承，让黄连粤菜师傅文化能够结出更加丰硕的果实！

甘慕仪

2022 年 7 月